THE
BUSINESS
CARD

Como unas palabras en una tarjeta de presentación
cambió a un hombre, una empresa y una comunidad.

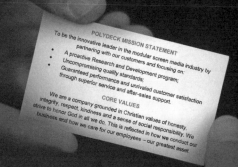

POLYDECK MISSION STATEMENT

To be the innovative leader in the modular screen media industry by
partnering with our customers and focusing on:

- A proactive Research and Development program;
- Uncompromising quality standards;
- Guaranteed performance and unrivaled customer satisfaction
  through superior service and after-sales support.

CORE VALUES

We are a company grounded in Christian values of honesty,
integrity, respect, kindness and a sense of social responsibility. We
strive to honor God in all we do. This is reflected in how we conduct our
business and how we care for our employees – our greatest asset.

DR. STEVE O. STEFF
con SCOTT GAJEWSKY

PRÓLOGO POR:
DR. MARK CRESS, FUNDADOR DE
CORPORATE CHAPLAINS OF AMERICA

The Business Card

Escrito por el Dr. Steve O. Steff

Derechos reservados © 2012 His Way at Work

Citas bíblicas tomadas de:

La Santa Biblia, Nueva Versión Internacional®, NVI® 1999 por la Sociedad Bíblica Internacional. Usada con permiso.

Traducido al Español por: Salomón Velázquez
www.wordchanger.com

ISBN 978-0-9857761-1-4

Para la Distribución Mundial

Impreso en USA

Lanphier Press

USA

www.lanphierpress.com

Este libro ha sido escrito en adoración a Dios y Salvador Jesucristo. Gracias por mi *esposa*, mi *hijo* y mi *vida*.

– Contenido –

Prólogo
Por el Dr. Mark Cress, Fundador
Corporación de Capellanes de América, Inc.
(Corporate Chaplains of America)

Desde que ha habido negocios en Los Estados Unidos, ha habido empresarios cristianos intentando agradar a Dios a través de los esfuerzos de su trabajo. A principios de los noventa, floreció un movimiento que dio paso a un nuevo tipo de Líder Cristiano de libre empresa que desea manejar su negocio para—glorificar a Dios—como una plataforma para un ministerio cristiano. Miles de esos líderes ya están emergiendo en cada rincón de los Estados Unidos. A partir del 2011, se estima que las organizaciones sin fines de lucro que emplea este movimiento ha crecido de cincuenta, al principio, a más de dos mil en la actualidad. Se han escrito decenas de libros sobre diversos aspectos de cómo Dios está "obrando" en el lugar de trabajo. Sólo piensa, la luz del candelabro alumbra a lo lejos y aquí es donde entra a la imagen los líderes como Peter Freissle. Cuando conocimos a Peter, era claro que Dios había tocado su corazón con respecto al movimiento del Ministerio en el Lugar de Trabajo, como también demostrando cuidado hacia las personas, especialmente a sus empleados. La compañía de Peter fabrica modulos sintéticos para harnero utilizados en la industria minera y un día uno de sus clientes—llamado Darryl Lanker— compartió su tarjeta de presentación con él. Cuando se conocieron, Darryl era muy activo en el movimiento del Ministerio en el Lugar de Trabajo por más de una década y su compromiso con Jesucristo se mostraba claramente en la parte posterior de su tarjeta de presentación. Este simple intercambio de tarjetas tuvo un profundo impacto en la vida de Peter y se sentía aún más impulsado a explorar más sobre tal movimiento.

Desde hace mucho tiempo Peter había grabado los valores fundamentales de su empresa en la parte posterior de sus tarjetas de presentación publicando sus virtudes cristianas y el deseo de honrar a Dios en todo. De hecho, yo había escuchado varias historias de cómo Dios había trabajado en formas inusuales como resultado directo del mensaje en la parte posterior de las tarjetas de presentación. Desde entonces, Peter se ha convertido en un respetado líder entre otros dueños de negocios cristianos en el movimiento. Él y un compañero, Scott Gajewsky, quien se ha convertido en un querido amigo mío, formó un ministerio sin fines de lucro llamado His Way At Work para ayudar a difundir el mensaje acerca de muchos aspectos del movimiento del Ministerio en el Lugar de Trabajo.

Un día Peter, Scott y yo estábamos almorzando con otro viejo miembro y líder en el movimiento del Ministerio en el Lugar de Trabajo, mi amigo, el Dr. Steve Steff. Steve trabajaba en un libro de liderazgo en ese momento y entrevistaba a Peter para una sección de ese libro. Steve, es un comunicador de mucho talento y estaba fascinado por las historias que yo compartía con él acerca de cómo

Dios estaba trabajando en la empresa de Peter, Polydeck. En algún momento durante nuestro almuerzo, mientras yo estaba conversando con Scott, Peter platicaba con Steve. Mientras Peter compartía una historia tras otra sobre cómo Dios había bendecido el mensaje en la parte posterior de su tarjeta de presentación, Scott y yo callamos y sólo escuchamos. Era evidentemente claro para todos nosotros que Dios estaba obrando en esta conversación. Finalmente, con una fuerte impresión de la dirección de Dios, sugerí que Steve y Scott colaboraran estrechamente con Peter para redactar un libro acerca de la tarjeta de presentación. Después del almuerzo, en cuanto regresamos a Polydeck, fuimos directamente a la capilla ubicada en la fábrica y oramos por la dirección de Dios acerca del proyecto del libro. Para el lunes de la semana siguiente, Steve decidió tomar la iniciativa de escribir el libro. Igualmente, Scott ofreció su ayuda en proveer detalles y manejar la logística del proyecto. El equipo de liderazgo de la imprenta Lanphier Press rápidamente se unió al proyecto e iniciamos nuestro proyecto.

Nuestra oración es que Dios use este pequeño libro para animar a miles de dirigentes empresariales, actualmente en el movimiento del ministerio en el lugar de trabajo o los que están pensando embarcarse en este movimiento. En el nombre de Peter, Steve, Scott, todo el equipo de la imprenta Lanphier y yo... te deseamos lo mejor de Dios y pedimos que recibas muchas bendiciones por tomar el tiempo y leer, *The Business Card.*

PARTE 1
– CAPÍTULO 1 –

TEN CUIDADO
CON LO QUE REZAS

Una tarde Peter manejaba sobre las calles de Johannesburgo con su padre. Aunque era una tarde hermosa, Peter estaba distraído por sus pensamientos—estaba teniendo problemas distinguiendo el propósito de Dios y la dirección hacia su familia como también el negocio familiar. Gran parte de su adultez, Peter se había preparado para el puesto de jefe ejecutivo de la compañía multinacional que su padre y un amigo de su padre habían empezado en 1958. Peter entendía que tal compromiso tenía que ser profundamente considerado a través de meticulosa oración. Los dos hombres estaban en una profunda conversación, cuando repentinamente un carro viejo los cruzó y supuestamente se descompuso justo en frente de ellos. Lo más raro fue que, dos hombres bajaron del carro cargando escobas cubiertas con bolsas de basura. ¿Qué podría estar pasando? Sin creerlo, Peter y su padre observaban fijamente a la escena que se desarrollaba frente a ellos. De pronto, las escobas y bolsas de basura estallaron en flashes de fuego y ruido ensordecedor. Las escobas eran rifles de asalto AK-47, y estaban roseando balas directamente al automóvil donde Peter y su padre estaban sentados. El ruido era ensordecedor y fragmentos de cristal volaban alrededor de ellos. Balas penetrantes perforaban el automóvil mientras los dos atacantes vaciaban los cargadores de sus fusiles. Mientras intentaban huir de la escena Peter recuperó sus sentidos lo suficiente como para conducir el automóvil alrededor de sus atacantes. Peter y su padre estaban cubiertos en sangre, pero la adrenalina corría intensamente sobre sus venas. Ninguno de los dos sabía del grado de sus heridas. No había tiempo para tener miedo o pánico. Peter conocía de un hospital a sólo unas cuadras de distancia y se dirigió directamente a él a toda velocidad.

A su llegada al hospital y después de ser examinados por un médico, ni Peter ni su padre fue herido por la lluvia de balas; sin embargo, ambos estaban cubiertos de fragmentos de cristal. Era verdaderamente un milagro que ambos estuvieran vivos. ¿Cómo fue posible que sus atacantes hayan vaciado sus armas en el automóvil de Peter a sólo unos metros de distancia de ellos y no herir ni a Peter o a su padre?

Al final de la exanimación de Peter, una enfermera comentó de un extraño agujero en su camisa. Al mirarlo de cerca, la evidencia era clara. Aparentemente, una bala había entrado en el costado izquierdo de la camisa de Peter pasando por su pecho y saliendo sobre la manga del brazo derecho. Esta bala viajó a sólo unos milímetros a través de su pecho.

¿Es posible vivir tal ataque, tener evidencia de una bala pasando sobre tu ropa y salir completamente ileso? Muchos considerarían este acontecimiento como una simple coincidencia o un acto de fe, pero para Peter estaba claro como el agua—no era una coincidencia sino incidencia de Dios. Peter salió del hospital ese mismo día con sólo dos pensamientos. "Gracias Dios por salvarme la vida." Y "gracias Dios por contestar mi oración".

Antes de esa tarde, Peter había orado por una respuesta acerca de trasladar a su familia a los Estados Unidos o quedarse en Sudáfrica, pero no tenía evidencia clara sobre tal decisión. Un mes después del ataque Peter y su familia estaban en Spartanburg, Carolina del Sur. Cuando Peter reflexiona sobre esa horrorosa tarde, comenta que cuando pide la dirección de Dios, espera y escucha atentamente por esa "suave voz".

Reflexión

¿Cuántas veces le has dicho a un amigo, "rezaré por ti" o "estaré orando por ti" sólo para hacer lo siguiente en tu agenda y nunca considerar su situación por segunda vez? A menudo los cristianos parecen orar sólo por obligación o por hábito. Considera esto, ¿Oras sólo porque es tu turno de orar en la reunión? ¿Oras sólo porque estás apunto de comer y todos saben que debes orar antes de comer? Por hábito, ¿oras porque es la última cosa que haces en las noches antes de ir a dormir? Quizás rezas antes de subirte al avión.

La oración debe de ser una forma de comunicación, como también conversación con el Dios viviente. Imagina, un amigo al que le has dedicado tu vida para su cuidado, protección y proveyendo para todas sus necesidades. En adición, has llorado con él por el dolor que ha sufrido como consecuencia de sus errores. Tal vez lo has sacado de apuros una y otra vez, aun así, cada vez que te reúnes con él dice lo mismo una y otra vez. Nunca te escucha o te pregunta tu opinión, de este modo nunca sostiene una conversación. Es como si sólo se reportaran por obligación. Tarde o temprano te darás cuenta de que sólo es una relación de un sólo sentido. Ellos no vienen a ti porque te quieren o les gusta estar contigo. De igual forma, no vienen a ti porque te respetan o valora tus consejos. Al final, están ahí por habito o porque tienen miedo que rompas tu amistad con ellos.

En Lucas 11: 5-10, a menudo se refieren a la parábola del amigo persistente. Jesús contó la historia de un hombre que tuvo un invitado en su casa y no tenía nada para alimentar al invitado. Ya muy noche, el hombre "que buscaba" fue a la casa de otro amigo, tocó su puerta y "expresó su necesidad" a través de la puerta cerrada. No recibió una buena respuesta de bienvenida. El propietario de la casa estaba en su cama, sus hijos estaban en su cama y además era medianoche. "¡Vete!" Pero el hombre "que buscaba" persistió. Él no podía desistir. Su necesidad era demasiado grande y había sólo una persona con la que él podía contar.

La Escritura explica que el propietario no iba a levantarse de la cama sólo porque era un amigo, pero finalmente él respondería debido a la persistencia del hombre "que buscaba". "Así que yo les digo: Pidan, y se les dará; busquen, y encontrarán; llamen, y se les abrirá la puerta. Porque todo el que pide, recibe; el que busca, encuentra; y el que llama se le abre." (Lucas 11:9–10 NVI)

Otro verso muy conocido se encuentra en Filipenses 4:6, "no se inquieten por nada; más bien, en toda ocasión, con oración y ruego, presenten su petición a Dios y denle gracias." Si vamos a tener una verdadera relación con Dios, debemos dedicar tiempo a esa relación. Dios tiene las manos abiertas. Comparte todo con Él y deja tiempo para que Él te responda y confía en que su sabiduría te guiará en el camino que es absolutamente lo mejor de Él para ti. Se persistente, ora vuelve a orar porque Él te responderá. Siempre lo ha hecho.

— Capítulo 2 —

Dios es un Pedacito

————

Después de la experiencia que cambió su vida, no había ninguna duda en la mente de Peter Freissle que era tiempo de dejar Sudáfrica. En 1994, Peter trasladó a su familia a Spartanburg, SC, donde su papá, Manfred Freissle y Dieter Egler—su socio—habían establecido un negocio desde 1978—Polydeck. Dios bendijo a Peter con una familia maravillosa y una gran oportunidad para hacer crecer el negocio en los Estados Unidos. Cuando Peter se mudó a Carolina del Sur, la empresa sólo contaba con 30 empleados. Para el 2005, las ventas habían aumentado rápidamente, empleando a más de 100 personas de los alrededores, así como un equipo de ventas en diferentes partes del mundo. Parecía como si la vida no pudiera ser mejor.

Peter había crecido en el negocio y se sintió afortunado por haber tenido a un padre amoroso que le enseñó las técnicas del negocio desde una edad temprana. Tomando como ejemplo a su padre, Peter sabía que, para tener éxito en los negocios, debía trabajar duro, trabajar inteligentemente y estar plenamente comprometido con el negocio. Y estaba muy comprometido, como muchos empresarios, Peter pasó muchas horas en la oficina que. Su esposa a menudo comentó que él también podría dormir allí, de esa manera no perdería tiempo manejando de su casa a su trabajo.

Además de haber crecido en la iglesia, Peter sabía que en última instancia, o de alguna manera, Dios estaba en control de todo, y Peter fue fiel agradeciendo a Dios cuando podía adorar con su familia. Trabaja duro, vive una buena vida, haz tu parte y Dios hará la suya. Estos fueron los principios por los cuales Peter centró su vida. Después de casi diez años viviendo en los Estados Unidos, el enfoque intenso en el negocio había diluido la conexión que Peter había experimentado con Dios el día del tiroteo. Para Peter, Dios parecía distante de alguna manera.

En el verano de 2005, estaba claro que Polydeck se dirigía hacia otro año excepcional. Las ventas continuaron aumentando, la economía era fuerte, y Peter había formado un equipo que sabía hacer su trabajo. El único problema era que Peter estaba muy cansado. Continuas jornadas duras y siendo padre de cuatro niños menores de diez años, no deja mucho tiempo para el descanso o relajamiento.

Fue en este momento que un amigo de Peter lo invitó a Atlanta para un "retiro en silencio" que se conoce como "Ejercicios espirituales de Ignacio de Loyola". Peter no entendió exactamente lo que era un "retiro en silencio", pero la idea de unos días de silencio le parecía atractiva. Lo más importante era que, Peter reconoció que había un profundo vacío en él que sólo no podía llenar. Sí, estaba viviendo el "Sueño Americano", el negocio estaba bien, y su familia estaba bien—todos estaban saludables. Sin embargo, había algo que faltaba en su vida y estaba dispuesto a hacer lo que fuera necesario para averiguar lo que faltaba.

El viaje a Atlanta fue formidable, pero el problema era que el retiro era cualquier cosa menos de silencio. La primera revelación de Peter en el retiro fue: Si corres lo suficientemente rápido y trabajas lo suficientemente duro, no escucharás a tu esposa, probablemente no escucharás a tus compañeros de trabajo y definitivamente no escucharás a Dios. Indicado como era, el "silencio" junto con las platicas dadas por el sacerdote del retiro le permitió a Peter oír a Dios hablar como nunca antes lo había escuchado.

Peter estaba muy familiarizado con los principios evangélicos y entendió el concepto de hacer de Dios parte de su vida, pero nunca se había sentado para determinar lo que exactamente significaba. "Dios es parte de mi vida, pero ¿qué parte?" Peter sabía que Dios quería que él analizara su vida y mirara honestamente de lo que consistía—¿era él mismo en el interior como lo que él profesaba en el exterior?

Durante su vida profesional, Peter había participado en cientos de presentaciones. Agarró un pedazo grande de papel y empezó a dibujar, como si él fuera a presentar al consejo de administración de su empresa. Comenzó con un gran círculo y lo dividió en áreas importantes de su vida. El proceso era doloroso porque conforme era más honesto consigo mismo un pedacito del círculo siguió creciendo. Mientras el segmento seguía creciendo, los segmentos restantes fueron cada vez más y más pequeños. El segmento más grande tenía como título sencillo; YO. Peter comenzó a darse cuenta de que todo su tiempo, su energía y sus recursos estaban dedicados a YO. En su vida profesional, había trabajado duro para tener éxito; así, el YO recibiría varias formas de gloria y alabanza. Trabajó duro para proveer para su familia, por lo que el YO podría ser reconocido como el mejor padre y proveedor para su familia.

Del diagrama, Peter se dio cuenta de que no necesitaba este reconocimiento de amigos y familiares, pero lo necesitaba para el YO dentro de sí mismo. El siguiente segmento representaba a su esposa y su familia. Los amaba con todo su corazón, al menos todo su corazón al que tuvo acceso. Mientras Peter cariñosamente reflexionaba sobre el amor incondicional que su madre le había enseñado de niño y el ambiente hogareño y amoroso que ella había creado para él lamentablemente había olvidado este amor incondicional con su familia.

Tristemente, en tercer lugar detrás del YO y su familia, estaba Dios. Si hubiera conocido a Peter la semana anterior y le hubiera preguntado sobre su relación con Dios, le habría contestado que tenía una gran relación con Dios y que él y su familia asistían a la iglesia regularmente. En ese día se dio cuenta de que era una mentira. Peter era religioso, pero no amaba a Dios. De repente, Peter miró el círculo y reconoció que el Dios del que había leído, hablado y escuchado toda su vida, no fue nada más en su vida que, un segmento en un diagrama y un pedacito muy pequeño.

EL VIEJO YO COMPARTMENTALIZADO

Mientras miraba al diagrama, era inevitable. Peter se dio cuenta de que esto no era simplemente una Epifanía. Dios no claramente habló a Peter; Dios había tocado su punto de conversion.

Mientras miraba el dibujo, Peter notó que gran parte de su vida estaba plenamente equivocada. Dios continuó hablando a Peter hasta quitar las vendas de sus ojos. Peter comenzó a tomar conciencia de la vida en la que había trabajado tan duro, había conseguido tantos éxitos mundanos que no tenían ningún valor eterno. Peter se dio cuenta ese mismo día de que todo lo que tenía y lo que él había logrado en los negocios, había sido dado sólo por Dios para un propósito simple, para atraer a Peter más cerca a Dios a través de Jesucristo, el Maestro del universo. La parábola de los talentos mantuvo sonando en su cabeza, y se dio cuenta de que, Dios no iba a preguntarle "cuánto dinero has hecho" sino, "¿Qué has hecho con el dinero que te he dado? ¿Lo has utilizado para glorificarte y complacerte a ti mismo, o lo has utilizado para glorificarme a Mí?"

Comprensión y redención

Ten en cuenta, si llegas a la conclusión de que todo lo que creías que habías logrado en tu vida ha sido a través de ti y no por ti, por causa de todos los regalos que has recibido. También considera que prosperaste en la vida dando un simple "gracias" o diste reconocimiento a aquellos que te han apoyado. Asimismo, no usaste los dones de tiempo, dinero y autoridad para agradar a Dios, sino que los usaste egoístamente o incluso los utilizaste para herir o manipular a otras personas. Una vez que te des cuenta de cómo has estado viviendo tu vida, no podría haber respuesta posible más que arrepentimiento y un simple, PERDÓNAME.

Finalmente, la historia de perdón que Peter había escuchado toda su vida significaba algo. Era una historia que siempre había conocido, que Dios dio a su hijo para que nosotros podamos ser perdonados. Sin embargo, era una historia que Peter celebró y valoró poco en su vida cotidiana. Conociendo su pasado y aún su presente, Peter se sentía indigno de perdón. Después de un tiempo de reflexión, se dio cuenta de que era este sentimiento de indignidad que había permitido, incluso le exigía mantener su vida de negocios separada de su vida personal. Fue sólo después de que Dios reveló el verdadero significado detrás de sus éxitos y logros que Peter se dio cuenta de que necesitaba perdón por cada día de su vida. Perdón por cada pensamiento que no honró ni glorificó a Dios. Perdón por la falta de gratitud y respeto hacia sus empleados y por tratarlos como sólo instrumentos de producción en lugar de prójimos que Dios le dio para que los viera como hermanos. Además, Peter fue llamado al perdón por no darse cuenta de que incluso el amor que recibió abundantemente de su esposa e hijos fue un regalo de Dios. La realidad de la profundidad de su egoísmo y orgullo pecador lo agobiaban.

Dicha comprensión, dolor, aflicción y la convicción podría únicamente venir de Dios. Ciertamente, no había ningún razonamiento humano para que Peter se pusiera a sí mismo a través de esta agonía. Poseer conocimientos como este no era casualidad, más bien un milagro entregado por las manos del Espíritu Santo. Sin embargo, el verdadero milagro aun estaba por llegar. El desarrollo de Peter en la Iglesia no sólo le enseñó sobre el pecado y la necesidad de perdón, sino también le enseñó cómo se logra este perdón. Peter sabía que el perdón era tan simple como pedir a Jesucristo a perdonarlo por una vida de pecado, de tal magnitud que Jesús murió en la Cruz por nuestros pecados y a través de su sangre encontramos perdón. Basándose en la obra purificadora de Jesús, Peter sabía que sus pecados habían sido perdonados. ¡Era increíble! ¡Un milagro! Sí, un milagro divino.

Peter describe el momento como si literalmente sintiera que hubiera sido limpiado completamente. No sólo limpiado en el exterior para quitar la suciedad del mundo, sino también como si su alma hubiera sido purificada limpiamente. Estaba claro, el Peter que viajó a Atlanta para alejarse del trabajo por unos días y descubrir el origen del vacío interno, no era el mismo Peter que volvió a Carolina del Sur.

Dios ya no podía ser una simple pedacito en la vida de Peter. Ahora anhelaba a Dios por ser el centro de su vida, la voluntad y el amor de Dios debía dominar y afectar en todas las decisiones y en cada área de su vida. Luego, entendió que si Dios continuaba siendo el centro de su vida, daría significado y propósito—propósito eterno—y llenaría el vacío que el mundo y sus tesoros no podían rellenar.

Peter entendió que si iba a ser el hombre que Dios deseaba, sería necesario someterse a una profunda e incómoda examinación, sin mencionar la dolorosa honestidad. Sabía que había alterado completamente la forma en que pensaba y su acercamiento a la vida. Asimismo, sabía que una de las alteraciones más difíciles debía producirse en la forma en la que hacía negocios.

Durante el viaje de regreso a Spartanburg, Peter reflexionó sobre esta nueva relación con Jesús y el impacto que tendría en sus relaciones, lo más importante, su esposa y su familia. De repente llegó a él, todos esos momentos en el pasado cuando Peter había sido cruel y desconsiderado con su esposa. Su reacción de ella fue "gentilmente perdonarlo." En respuesta al citado evento, Peter a menudo traía flores a su esposa al día siguiente. Mientras continuaba pensando en este tipo de eventos, se le ocurrió que no traía flores para que su esposa lo perdonara. Él traía flores porque ella lo había perdonado. ¡Eso fue todo! Eso fue lo que a él le hacía falta todo ese tiempo. Nunca lo había entendido.

Asimismo, Peter había entendido que cualquier servicio que se pudiera dar a Jesús no era una oferta para que él pudiera ser perdonado. Fue una respuesta porque él había sido perdonado. Fue esta ardiente sensación de gratitud que comenzó la búsqueda de maneras de mostrar a Dios cuán agradecido estaba por el increíble regalo del perdón y del amor incondicional. Este fue el regalo más grande que jamás había recibido Peter. Mientras se alejaba de Atlanta, sentía una sensación como si un fuego ardiera muy dentro de él.

Ahora, Peter tenía un deseo ardiente de lograr dos cosas. En primer lugar, quería reconciliar todo el mal que había hecho a tantas personas—— a su esposa, a su familia, a sus amigos y a sus empleados. En segundo lugar, tenía un deseo ardiente por compartir su increíble experiencia del amor incondicional de Dios con tantas personas como pudiera. Para

EL NUEVO YO CENTRADO EN DIOS

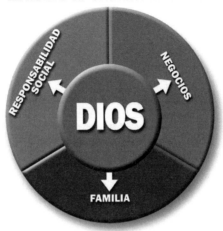

compartir este amor con eficacia, se le ocurrió que debía hacerlo con precaución, utilizando el fuego dentro de él para preparar a aquellos con quienes estaba en contacto en lugar de asustarlos con su intenso entusiasmo. De esta filosofía, sabía que simplemente no debía entrar en Polydeck y comenzar declarando a Dios ondeando una Biblia. Más bien, Peter quería hacer todo lo posible para crear un ambiente lleno de maneras significativas, así como maneras prácticas de Mostrar el amor de Dios y permitiendo que este ambiente cálido cause a otras personas a hacer la pregunta; "¿Por qué está haciendo estos actos de bondad?" En definitiva, quería

que buscaran y encontraran la fuente de ese amor;
Jesucristo.

Reflexión

En el libro de Daniel, Nabucodonosor era el rey
de Babilonia. Nabucodonosor había construído una
gran nación y se había apoderado de muchas otras
naciones en el proceso. Obviamente era un rey as-
tuto y su poder era ilimitado para aquellos bajo su
gobierno. En el capítulo tres de Daniel, la Biblia
dice, "El rey Nabucodonosor mandó hacer una es-
tatua de oro,"… y mandó que cuando se escuchara
la música, todo el mundo se arrodillara y adorara la
imagen que (el rey) había creado." (Daniel 3:1-7
NVI)

Leyendo este pasaje, me pregunto: ¿qué aspecto
tenía la imagen? Aquí estaba un hombre que había
construido un imperio. En esencia, fue el "CEO" de
Babilonia y su autoridad y su poder no podía ser
dudado o cuestionado. Mira quién era y todo lo que
había logrado. La historia nos dice que Nabucodonosor comandó que esta imagen fuera "adorada". Pero,
¿qué pasaría si cambiáramos la palabra a "glorifica-
do"? En muchas formas significan lo mismo. Lo que
glorificamos es lo que adoramos. Por lo que nos lleva a una simple pregunta: ¿Qué es lo que glorificas:
en tu casa, en tu lugar de trabajo, en tu corazón?

Si tu construyeras una imagen en tu lugar de trabajo y ordenaras a todos los allí presentes que glorifiquen a esa imagen ¿qué aspecto tendría esa imagen? Si preguntáramos a tus compañeros de trabajo o empleados, "¿qué es lo que glorifica tu jefe en su vida, y en la forma en que dirige su negocio? Si le preguntamos a tu familia, "¿qué es lo que tu esposo o tu esposa, tu madre o tu padre glorifica en su vida, y en la manera de llevar a cabo su vida diaria?

Si a menudo hiciéramos esta pregunta en diferentes lugares, en el patio, en el almacén, o en la sala de conferencias, me temo que, el monumento sería igual que el "YO."

Capítulo 3

El Fantasma del Negocio Pasado y la Promesa del Negocio Futuro

¿Qué tan mal podían estar las cosas? Peter Freissle fue un empresario diligente que había crecido en el negocio familiar. Desde una edad temprana, el papá de Peter—Manfred—lo expuso al negocio familiar con una ética de trabajo que fue "orientado por los resultados." En 1958, junto con su socio alemán, Helmut Rosenbusch, el padre de Peter empezó el negocio desde cero en un garaje de Johannesburgo. Como el negocio iba creciendo, Manfred y Helmut comprendieron que Dios los juntó y había bendecido su negocio exitosamente. En consecuencia, los dos hombres se comprometieron a regresar algo a Dios apoyando a diversos ministerios cristianos. En numerosas ocasiones, Peter había visto a su padre dar gracias a Dios públicamente durante diversas funciones de la empresa. Peter recordó afectuosamente; cuando era un hombre joven, su padre lo llevaba a servir a los desafortunados, también alentó a Peter a involucrarse en las caridades cristianas.

En 1978, Manfred y Dieter Egler—amigos de toda la vida—formaron Polydeck. Con el tiempo, Peter tomó el mando de Polydeck de las manos de Dieter y se mudó a Carolina del Sur. Cuando el negocio tenía treinta empleados, Dieter fue capaz de conocer y saludar a casi todos los empleados diariamente, creando una sensación de familia. El negocio fue juzgado por ser "estricto pero justo", mezclado con compasión para los empleados con problemas personales; Dieter fue conocido cariñosamente como el "oso con un corazón de oro".

Peter sentía que tenía que demostrar a su padre de lo que era capaz. Con admiración y gratitud, admiraba lo que su papá y Dieter habían construido. Ahora, Peter se sentía como el "niño" asumiendo al puesto y quería asegurarse de que todo el mundo supiera que era capaz como empresario así como lo fue su padre. Peter trabajó con una persistencia implacable para tener éxito y una ética de trabajo que decía, "Mi forma es la correcta. No estoy para preguntas. Hazlo, hazlo bien, hazlo rápido o vete." La empresa y el número de empleados creció, pero lamentablemente, las condiciones de trabajo comenzaron a deteriorar.

Por muchas medidas, Peter estaba haciendo un gran trabajo. Las ventas aumentaron, los márgenes estaban altos y la fábrica estaba creciendo. Peter fue un éxito por las normas comerciales, excepto en las personales. El departamento de recursos humanos estaba en constante agitación. La falla de retención hacia los empleados había alcanzado su punto más bajo, treintaicinco por ciento. Cuando hay un crecimiento exponencial en un negocio de fabricación, hay una fuerte demanda de los trabajadores. Sin embargo, debido a la tasa de retención, la agencia de trabajo para Polydeck rehusaba a enviar gente a Polydeck. Había tantas quejas contra Polydeck que muchas de las agencias locales se negaban a trabajar con Polydeck. Al final, estas agencias también estaban obteniendo una mala reputación sólo por asociarse con Polydeck.

La presión y el estrés era evidente en toda la compañía, Peter trató a su equipo directivo sin piedad, a la misma vez, el equipo directivo trataba sin piedad a sus supervisores. Los supervisores no mostraban ninguna compasión para el personal de la fábrica y cualquier supervisor que no podía o que no quería demostrar la misma actitud hacia los trabajadores de la fábrica "podían irse ¡inmediatamente!"

Esta ética de trabajo alemana tenía dos cosas a su favor. En primer lugar, la economía en el área de Spartanburg era tal que la gente necesitaba simplemente los puestos de trabajo. Trabajaron allí porque a veces no había ningún otro lugar para trabajar. En segundo lugar, si aguantaban trabajando en Polydeck, les pagarían bien. El paquete de salarios y beneficios estaban en la cima de la escala por esa área, eso sí, si aguantaban y si podían soportarlo.

Debido a la tasa de baja retención, el departamento más transitado de Polydeck fue recursos humanos, y fueron criticados por no encontrar trabajadores de calidad superior. Cualquier signo de compasión o consideración fue visto como un signo de debilidad, y debilidad no debía ser tolerada. El éxito del negocio era medido por los resultados, no podría haber ninguna duda de que Polydeck estaba en el camino correcto.

¿Una métrica diferente?

Durante el retiro, cuando Peter se dio cuenta de que había visto a Dios como sólo un pedacito de su vida, Dios mostró a Peter una medida diferente del éxito empresarial. Después de ese día, el éxito se convirtió en un término mucho más amplio. Mientras que el éxito financiero fue sin duda un aspecto importante de su negocio, Peter llegó a entender que el éxito se mide en los valores humanos. Un simple verso de las Escrituras entregada a través de la convicción del poder del Espíritu Santo fue todo lo que necesitó. Un simple verso que Peter había conocido por años, "Así que en todo, traten ustedes a los demás tal y como quieren que ellos los traten a ustedes". (Mateo 7:12 NVI)

¡Wow! Esto llevo a Peter a ponerse de rodillas. Tras su regreso del "retiro en silencio", apenas podía pensar en cómo había tratado a quienes lo rodeaban, especialmente a su esposa y a todos sus empleados. Dios había quitado las vendas de sus ojos, vendas que le impedían ver que su "vida de la Iglesia" había sido diferente que la de su hogar y su negocio. El domingo por la mañana durante una hora la Iglesia parecía "lo correcto" para su familia, pero no había ninguna conexión con lo que sucedía en Polydeck el lunes. Con esas vendas retiradas, fue conmovido y avergonzado al recordar en el ejemplo que había puesto, incluso exigido, en su propia empresa.

Fue entonces que Dios puso otro pasaje de la Escritura en el corazón de Peter. "Ama al Señor tu Dios con todo tu corazón, con todo tu ser, con todas tus fuerzas y con toda tu mente y a tu prójimo como a ti mismo". (Lucas 10:27 NVI) En la Biblia, este pasaje es seguido por una simple pregunta " ¿Y quién es mi prójimo?" Cuando Peter hizo esa pregunta, la respuesta fue innegable, "mis prójimos son todo los que están a mi alcance". Si esto era el caso, ¿qué era de los cientos de prójimos que trabajaban para él, o sus proveedores o incluso a sus clientes? Las cosas deben cambiar. Van a cambiar, y cambiarán inmediatamente.

El "retiro en silencio" fue en junio y durante los siguientes meses los cambios en Peter, así como los cambios en Polydeck, fueron evidentes para todos. Finalmente, el día del juicio estaba al alcance. Hubo reuniones anuales de la empresa que estaban previstas para la semana antes de las vacaciones de acción de gracias, y Peter sabía que era tiempo para rendir cuentas del pasado y para las futuras. Llegó el momento de "dar la cara" y si este sentimiento de gratitud y amor por Dios era real entonces era hora de mostrarlo públicamente. Peter sabía que estaba en una posición arriesgada, porque una vez que hiciera su declaración, "no había vuelta atrás" e iba a ser responsable por todo desde ese punto en adelante.

Peter se paró frente a todo el personal de Polydeck. "Hace un par de semana vine a la fábrica sólo. Mientras caminaba alrededor, lo que más me impactó fue el silencio. Ninguno de ustedes estaba aquí. Las luces estaban apagadas, las máquinas no estaban trabajando. Y me di cuenta de que no sé ni cómo encender las máquinas. Comprendí que esta fábrica, este negocio depende completamente de las personas que trabajan aquí diariamente."

"Polydeck es un éxito. Estamos creciendo. Pero llegué a la conclusión de que estamos creciendo gracias a usted."

Después de este anuncio hubo un aturdido silencio.

Los empleados no podían creer lo que estaban escuchando. Aquí estaba el "jefe" que los trataba como basura, los trataba sin compasión y ahora les dice que el éxito de la empresa es debido a esfuerzos de los empleados. ¿Cómo podría ser?

Peter continuó, "las cosas van a cambiar. Dios ha puesto en mi corazón que esta empresa depende de ustedes, y les prometo que desde hoy en adelante, voy a cuidar de ustedes. Vamos a poner las cosas en su lugar para asegurar que sean tratados como debe de ser, y que sepan que la gente aquí en Polydeck es tu familia, y que es una familia que cuidará de ustedes. Me he dado cuenta de que Dios no me preguntará cuánto dinero hemos hecho sino más bien me preguntará de lo que hemos hecho con ese dinero para agradarle."

Peter tenía un ardiente deseo de compartir el amor de Dios con sus empleados, pero quería tener cuidado de no intimidarlos, hacerlos sentir incómodos sobre las connotaciones religiosas que sentía, especialmente sabiendo que en su fuerza de trabajo multicultural estaban representadas muchas denominaciones de la fe cristiana, de otras religiones y aún sin fe.

Un mes más tarde, Peter prosiguió con una segunda reunión. Peter introdujo nuevos beneficios para sus empleados, parte de la presentación fue la introducción a "La Regla de Oro". Peter compartía, "la Biblia dice, trata a otros como quieres que ellos te traten." "Hermanos, desde este momento en adelante, ésta es mi promesa a ustedes, esta empresa será operada de acuerdo con este principio. Todos saben donde está mi oficina y si alguno cree que no se les trata de acuerdo con este principio, o si cree que este negocio no cumple con este principio, entonces quiero que venga a mi oficina y que me diga. Mi promesa a ustedes es que haremos todo lo posible para garantizar que cada decisión tomada en esta empresa sea con este principio en mente."

¡Eso era todo! En dos reuniones, en el transcurso de treinta días, Peter se había comprometido ante toda la empresa que cambiaría drásticamente la manera en que todo el mundo era tratado. Además, se examinaría cuidadosamente cada práctica de la empresa para asegurar que estuvieran alineadas con el principio bíblico de la "Regla de Oro". Peter había prometido públicamente a un grupo de empleados que habían sido tratados injustamente, que ahora serían tratados como "familia".

La rendición de cuentas a sus empleados fue un paso muy importante, pero fue aún más el desafío dentro de los muros de su propia casa. Si Dios realmente había tocado el corazón de Peter, para que todos sean tratados como "hermanos", entonces esto tendría que extenderse más allá de las paredes de su propia fábrica y oficina. Eso podría ser aterrador e incluso considerado devastador. Como resultado del nuevo entorno de cuidado al prójimo, el ambiente en la empresa era excelente y gracias al desarrollo de

nuevos programas, las relaciones entre los empleados y los procedimientos operacionales iban mejo-
rando diariamente.

Reflexión

El más prolífico escritor en el Nuevo Testamento
fue el apóstol Pablo. Durante su vida, Pablo comenzó como un constructor de tiendas y pasó a convertirse en un evangelista que cambió al mundo anun-
ciando la Palabra de Jesucristo. Pero no siempre fue
así.

Originalmente Pablo llamado Saúl, fue educado
en la mejor escuela judía de su época y como un
judío comprometido, fue devoto en su compromiso
con el Torah, así como la persecución contra "cristianos". De hecho, Saúl estaba tan comprometido a
la persecución de los cristianos que mantuvo los
abrigos de los hombres que apedrearon a uno de los
discípulos de Jesús—Esteban.

Sin embargo, con todo el reconocimiento y la
autoridad que disponía Saúl, todo cambio en su vida
con un sólo encuentro con Jesús. En el noveno capítulo de Hechos de los apóstoles, Saúl contó su propia historia. Cuenta cómo amenazaba y estaba re-
cogiendo cartas para llevar a las sinagogas de
Damasco, para poder llevar a los cristianos a ser
juzgado ante el tribunal religioso. Sin embargo,

mientras Saúl se acercaba a Damasco, se encontró
cara a cara con una luz tan brillante que lo hizo ar-
rodillarse; de hecho, la luz era tan brillante que lo
cegó. Fue en ese momento que Saúl oyó una voz
hablando desde el cielo; " Saúl, Saúl, ¿por qué me
persigues?" La voz, era de Jesús, luego lo instruyó
que fuera a la ciudad y allí le diría qué hacer.

Desde su experiencia en el camino de Damasco,
Saúl aún estaba ciego, pero con la ayuda de sus amigos llegó a la ciudad de Damasco. Una vez en la
ciudad, Saúl encontró a Ananías. Ananías informó
a Saúl que había sido enviado por el Señor para que
pudiera recuperar su vista y ser lleno del Espíritu
Santo. Saúl pasó varios días en Damasco con los
discípulos y salieron INMEDIATAMENTE a
proclamar a Jesús en las sinagogas (Hechos 9:19–
20). Saúl tuvo sólo un encuentro, pero fue un encuentro que cambió su vida para siempre.

Los Evangelios cuentan muchas historias como
esta. En el Evangelio de Mateo nos cuenta de Jesús
caminando por el mar de Galilea cuando vio a dos
hermanos pescadores, Simón Pedro y Andrés.
Después de un sencillo encuentro con Jesús, la escritura dice que los dos pescadores dejaron sus redes
y lo siguieron.

Mientras Jesús se alejaba desde allí encontró a
otros dos hermanos, Santiago y Juan, trabajando en

su barco de pesca junto a su padre Zebedeo. Nuevamente, después de otro encuentro único, estos hombres abandonaron su barca, a su padre y lo siguieron.

A veces se requiere una luz cegadora. Otras veces un simple "síganme y los aré pescadores de hombres." De cualquier manera, un verdadero encuentro con Jesucristo, el maestro del universo, dará como resultado que las personas vean al mundo de una nueva manera. Como Saúl, construir tiendas puede ser todo lo que sabes. La pesca puede ser tu trabajo de toda tu vida, pero si no lo hace para glorificar a Jesucristo, ¿hay algún valor en tu trabajo?

– Capítulo 4 –

El Surgimiento de la Tarjeta de Presentación

Las cosas fueron cambiando rápido en Polydeck. En primer lugar, debido a los años de gran enfoque por parte de la administración en todos los niveles de la empresa; los empleados estaban escépticos sobre la nueva política de "Hacer a otros"…. Mientras que ciertamente sonaba como una buena idea para todos en la planta de fabricación, sería necesaria una reestructuración, así como de reentrenamiento de la gerencia. La historia de Peter sonaba bien y la segunda reunión los sorprendió gratamente, pero un cambio de actitud permanente para los empleados era difícil de comprender. Los empleados entendían que los números, no las relaciones, controlaban el negocio y todo el mundo estaba seguro de lo que pasaría si los números de Polydeck disminuían o se volvían inestables. Simplemente, los empleados tenían miedos de que el viejo capataz regresara.

También las cosas fueron cambiando rápido en Peter. Él se había comprometido a cambiar en su vida personal, así como en su negocio, y se dispuso a aprender todo lo que podía acerca de hacer negocios de esta "nueva forma". De repente, Peter descubrió que tenía una pasión por cuidar a sus empleados, así como una pasión por permitir que su lugar de trabajo fuera la "sal y la luz" y demostrar lo que Jesucristo había hecho en su vida. Asimismo, Peter entendía que debía ser prudente en cómo mostrarse ser "sal y luz". Polydeck era un lugar de trabajo multicultural, y su base de clientes era ciertamente multicultural. ¿Cómo podría "vivir su fe" para sus "prójimos", teniendo cuidado de no ofender o violar la ley?

Sorprendentemente, encontró que ya existían negocios que se habían comprometido a esta misma misión. Peter leyó todo lo que podía poner en sus manos acerca de Jesús en el lugar de trabajo y consultó con gente de negocios de toda la nación para obtener ideas. Durante la búsqueda, Peter encontró un libro titulado *Una Luz Brillante Brilla en Babilonia*, por Buck Jacobs. El libro de Jacobs revolucionó el pensamiento de Peter. En el libro, Jacobs propone tres lecciones—Tú Tienes una Vocación Sagrada, Tu Trabajo es Tu Ministerio y Trabajando Tu Ministerio.

¡Ahí estaba! Para Peter ahora era claro. No había ninguna duda de que tenía un llamado sagrado y ahora reconoció que el trabajo era su Ministerio. El paso siguiente era cambiar sus pólizas, procedimientos y tal vez la actitud de su gente para que "trabajaran su Ministerio".

Peter consideraba su nueva posición y se dio cuenta que había muchas cosas que podía hacer en Polydeck para mejorar las condiciones de trabajo, cosas más cómodas. Si Polydeck era realmente su Ministerio y su Ministerio iba a ser hacia "sus prójimos", y si "sus prójimos" incluía a todos, entonces Peter tendría que llegar más lejos de los cambios dentro de las paredes de su empresa. ¿Qué podía hacer para comunicar a todas las personas con las que entró en contacto, es decir, sus empleados, sus clientes y el mundo, que está comprometido a honrar a Dios en todo lo que hace?

Peter comprendió que necesitaba tener una declaración que podía escribir y compartir. Esta declaración debía explicar los valores y el propósito de la "nueva" Polydeck. Había dos opciones en la mente de Peter, o bien crear esta declaración personalmente o crearla en colaboración con los miembros principales de su equipo. Después de orar consideradamente, Peter eligió hacer un esfuerzo de equipo. Reunió a su equipo y empezó a compartir sus intenciones y su visión para la empresa. Mientras que algunos participaban con cautela y escepticismo, otros aportaron ideas y recomendaciones, y después de algunas horas de debate y consideración, surgieron los valores fundamentales de Polydeck. Trabajando a través del proceso como un grupo les permitió generar un consenso, así como establecer un sentimiento de pertenencia a los principios establecidos.

La Reunión de Ventas

Peter entró a la reunión de ventas con una sonrisa en su rostro y sus brazos llenos de cajas. Todo el equipo de venta de Polydeck estaba allí y las ventas habían sido buenas, así que nadie se sorprendió demasiado que Peter estuviera de buen humor. Muchos de los miembros del equipo de ventas habían estado presentes en las dos reuniones en el otoño cuando Peter declaró que abría cambios en Polydeck. Una cosa que admitieron fue que Peter había sido fiel a su promesa de cambio. Los cambios habían sido notables. El tratamiento y las actitudes en la oficina corporativa eran como si fuera una empresa diferente, y la interacción entre el equipo ejecutivo y el personal de ventas era increíble. Polydeck se había convertido en un gran lugar para trabajar. El equipo de operaciones estaba conviviendo con el equipo de ventas. Antes del cambio esto era imposible. El departamento de ventas estaba trabajando duro para proveer toda la información necesaria para que el equipo de producción pudiera hacer su trabajo a tiempo y en su totalidad.

La reunión con el departamento de ventas fue un éxito, los informes habían sido buenos y alentadores. Con las mejores actitudes y comunicación en toda la compañía, la reclamación de garantías en los productos, así como de repaso había disminuido, y mostraban un aumento en los informes de mercado. De hecho, todos esperaban un año prospero. Entonces, era el momento de que Peter cerrara con broche de oro, "señores, estoy entusiasmado con los resultados del año pasado y animado por el próximo año. Sin embargo, estoy aún más emocionado por algo que tengo que compartir con ustedes. Todos tenemos nuevas tarjetas de presentación". Peter entonces entregó a cada ingeniero una caja con sus nuevas tarjetas.

Qué gran cosa. ¿Nuevas tarjetas de presentación? ¿Y qué? Luego miraron sus nuevas tarjetas. La parte frontal de las tarjetas fue casi lo mismo, como lo había sido en tarjetas anteriores del año pasado con la información de contacto y el logotipo de la compañía. Las tarjetas fueron bien diseñadas, con ilustraciones a tricolor en la parte frontal de cada tarjeta. Además, en la parte posterior de cada tarjeta estaba impresa la "Declaración de la misión de los valores fundamentales de Polydeck". Con esta declaración en las tarjetas de presentación la misión fue aun más fuerte y a más alto nivel.

Aun con todo el material gráfico, eran los valores fundamentales que atrajo la atención de todos. ¿Podemos decir realmente que "somos una empresa basada en los valores cristianos..."? ¿Es inteligente decir que "nos esforzamos en honrar a Dios" en nuestro negocio? ¿Deberíamos ser más cautelosos al mezclar la fe y los negocios? ¿Estamos discriminando? Si no es así, ciertamente, no estamos haciendo distinción a otros. (Polydeck hace negocios alrededor del mundo, en diferentes contextos culturales y con personas de otras religiones).

Uno de los ingenieros de ventas preguntó a Peter; "¿Estás seguro de que deseas hacer esto? Puedo pensar en algunos de mis clientes ahora mismo que sé que esto seguramente los ofenderá. Y si los ofendemos, vamos a perder nuestra relación y su negocio. ¿Es un estrategia de negocio sabia?"

Otra pregunta, "Estoy seguro de esto va a costarnos la pérdida de algunos negocios. Y no hay nadie por aquí que presione más intensamente por ventas que tu. Cuando volvemos y hemos perdido a un cliente, o no se ha podido realizar una venta, y estamos seguros que tiene que ver con esta tarjeta que nos ha dado, ¿qué vas a decir? Francamente, las condiciones aquí están empezando a mejorar y ahora me temo que nos estás poniendo en una posición donde podría haber una pérdida importante para la empresa y una pérdida significativa de la comisión para mí personalmente. ¿Vas a respaldarme cuando yo pierda una venta debido a esta tarjeta?"

Peter respondió: "Señores, todos ustedes conocen nuestra misión y no hay nada nuevo, excepto nuestro compromiso a la misma. Nuestra misión dice a nuestros empleados y al mundo lo que creemos y hacemos como un negocio. Pero en nuestros valores fundamentales declaramos a nuestros empleados y el mundo cómo y por qué hacemos negocios. Estos valores son el "cómo" y el "por qué" de Polydeck. Estos valores son el porque estoy aquí, y reflejan todo lo que tengo que hacer con este negocio. Además, como ingenieros de ventas para Polydeck, son mis representantes a nuestros clientes y al mundo, y como mis representantes, se reflejarán estos valores en todo lo relativo a Polydeck. Y, como honren y reflejen esta misión y estos valores fundamentales, proporcionaré todo el apoyo posible a mi alcance."

"Realmente creo que si estamos haciendo todo lo posible para alinearnos personalmente y profesionalmente con esta misión y estos valores, y perdemos un cliente, entonces es un cliente que estoy dispuesto a perder. Prometo apoyarlos en ese aspecto."

Cuando Peter terminó de hablar, la habitación estaba en silencio. A los empleados sentados frente a él les comenzó a gústales la idea que había presentado, pero aún no estaban seguros de cómo funcionaría. Algunos estaban pensando en clientes específicos, acerca de cómo utilizar las antiguas tarjetas con algunos clientes y las nuevas con otros. Algunos de los empleados simplemente se preguntaron si Peter había perdido la cabeza.

Mientras estaban sentados comenzaron a leer y releer la tarjeta, muchos hicieron una observación interesante. No había nada en la tarjeta sobre las expectativas cristianas de Polydeck de sus clientes o incluso a sus empleados. Todas las expectativas estaban dirigidas hacia cómo Polydeck trabajaría. Los valores fundamentales fueron una simple declaración sobre cómo Polydeck trataría a los demás.

Reflexión

Peter se dio cuenta de que "su trabajo era su Ministerio", sabía que parte de "estar en el Ministerio" estaba haciendo una declaración clara acerca de Jesucristo. Hay un pasaje en el Evangelio de Mateo que suele utilizar para referirse a alguien que ha "pasado al frente" en su iglesia local. Es decir, un individuo que ha hecho una declaración pública de su fe en Jesucristo; "A cualquiera que me reconozca delante de los demás, yo también lo reconoceré delante de mi padre que está en el cielo." (Mateo 10:32 NVI).

Jesús hizo esta declaración después de que había elegido a los doce apóstoles, y como se estaba preparando para enviarlos a su misión. Jesús eligió a estos doce hombres como los embajadores originales para salir al mundo y difundir la Buenas Noticias de Jesucristo. Mientras que Jesús da la instrucción directamente a aquellos doce hombres, la instrucción es para todos los creyentes de cualquier época. Cuando profesamos el nombre de Jesucristo públicamente, Jesús mismo se presentará por nosotros delante de Su Padre.

¡Qué maravilla! ¿Temes arriesgarte? ¿Tienes miedo de las repercusiones que podrías tener por esta profesión pública en tu empresa? Cada empresario está familiarizado con el término de Retorno de Inversión (RDI). ¿Qué mayor RDI puede posiblemente existir que Cristo mismo hablará al Padre en nuestro nombre? En ese momento, el reto es para que nosotros determinemos si creemos que Dios es el maestro del universo. ¿Está Dios en control? O, ¿todavía crees que debes mantener tu negocio independiente de tu vida espiritual?

Puedes hacer preguntas en clases de escuela dominical y servicios de la Iglesia en un domingo cualquiera, "¿Puede Dios dejarte fuera de tu trabajo/negocio?" Indudablemente, la mayoría de individuos alrededor de ti estará de acuerdo a que Dios puede dejarnos a todos fuera de nuestro trabajo o cerrar nuestro negocio en un instante. Dios es todopoderoso; ¡Dios es omnipotente!

Ahora, pregúntale a ese mismo grupo, si ellos creen que Dios puede sacarte fuera de tu trabajo o negocio. ¿Tú crees que Dios te puso en tu trabajo o negocio? Lamentablemente, la conclusión no llega rápidamente. Muchos de nosotros creemos que estamos donde estamos porque lo merecemos por algo que hemos hecho. ¡Lo merecemos! Asistimos a la escuela, estudiamos mucho, "pagamos nuestras cuotas". Trabajamos duro para obtener este trabajo y este puesto. Vencimos a todos los demás en el proceso y estamos orgullosos de donde estamos. ¿Realmente creemos que somos mucho más inteligentes que los demás? ¿Es posible que hayamos trabajado mucho más duro que el resto de los demás en el mercado de trabajo?

En el libro *Una Luz Brillante Brilla en Babilonia* Buck Jacobs expresó la oración siguiente, "Querido Dios, no creo que tu posees mi negocio. Yo lo poseo, trabajé duro para construirlo y es mío. Con el fin de resolver esta cuestión de propiedad de una vez por todas, Dios, te reto a tomar posesión de todo de mi negocio que es tuyo y que me dejes sólo con lo que es mío."

La Biblia ofrece mucha evidencia de que Dios está en control, y que las labores del hombre se ajustan dentro de ese control. Considera Proverbios 19:21, "El corazón humano genera muchos proyectos, pero al final prevalecen los designios del señor." Quizás el apoyo más claro de las escrituras para nuestro ministerio en el lugar de trabajo se encuentra en Colosenses 1:16, donde el escritor expresó, " porque por medio de él fueron creadas todas las cosas en el cielo y en tierra, visibles e invisibles, sean tronos o poderes o principados o autoridades: todo ha sido creados por medio de él y para él."

Tú probablemente has sido obediente en tu estudio y trabajo duro. Has "pagado tu deuda". Pero es por la gracia de Dios y para la gloria de Dios, que estás dónde estás en tu puesto de trabajo. Dicho esto, si estás dónde estás por la gracia de Dios, y Jesucristo mismo te profesó ante el padre, ¿no es justo que compartas con otros acerca de quién es realmente responsable de tus logros?

– Capítulo 5 –

El Momento Decisivo

La decisión había sido tomada; Peter tenía nuevas tarjetas de presentación para todo el equipo de ventas, incluyendo para él mismo. La declaración de la misión y los valores fundamentales fueron claramente impresos en el reverso de las nuevas tarjetas de presentación. Peter sospechó que muchos o todo el equipo de ventas había mantenido sus tarjetas posteriores y planeaban usar las nuevas tarjetas sólo si sentían que sería aceptada. Aunque Peter comprendía su oposición, creía que esto era lo que Dios deseaba de él, y esto es lo que Dios deseaba de Polydeck.

Para ello, Peter sabía que tendría que predicar con el ejemplo. Por lo tanto, era el momento decisivo. En ese día, Peter estaba en Asia y tenía programada una reunión con el gerente de una de las minas más grandes en esa parte del mundo. Polydeck proveía para sólo una pequeña parte del negocio de esa empresa y estaba examinando formas de mejorar su relación con la empresa minera; incrementando sus contratos. Aseph, el gerente de la empresa, así como muchos dentro de la operación, era musulmán. Ahora, había temor de que la nueva tarjeta de presentación pudiera provocar perder el contrato que tenían con la empresa minera.

Mientras Peter conocía a Aseph, los dos hombres intercambiaron saludos y tarjetas de presentación y todo comenzó muy cordial entre ellos. Peter recibía un recorrido completo de la instalación y mantenía su aliento para el momento inevitable cuando Aseph examinara la tarjeta de presentación. El "gigante en la sala" tenía que ser enfrentado en algún momento. El asunto era demasiado importante para ser pasado por alto. Hacia el final de la tarde, Aseph finalmente enfrentó la situación.

"Sabes, he leído su tarjeta de presentación por el frente y el reverso".

"¿En serio?"

"Sí, la he leído, y quiero que sepas que te respeto por hacer lo que has hecho. Los valores que has recalcado son valores honorables. Son los mismos valores por los que yo vivo, y la mayoría de mis hermanos musulmanes. Aunque no estoy de acuerdo con algunos aspectos de tu fe; por ejemplo, si bien creemos que Jesús era un hombre, no creemos que era El Hijo de Dios. Creo que oramos al mismo Dios y apoyo lo que está haciendo. Dice mucho acerca de ti y tu empresa." Aseph y Peter siguieron charlando, discutieron cosas familiares y sus diferentes creencias. Mientras los dos hombres exploraban las muchas cosas que tenían en común, ambos llegaron a respetarse.

Gracias a Dios por esta respuesta. Aseph había sido más que amable y Peter apreciaba su apoyo, pero todavía tenía que reunirse con los otros gerentes de la empresa. Ser amable con Peter y hacer negocios con él podrían ser dos cosas diferentes. Una empresa con varios gerentes musulmanes haciendo negocios con una empresa abiertamente cristiana sería pedir demasiado.

El día siguiente fue el gran encuentro. Peter hizo su presentación ante el equipo directivo y todo parecía ir bien. Luego llegó la parte más crítica de la reunión. Finalmente, habló el CEO, "Aseph, tú has pasado tiempo con Peter y has estado usando un poco de su producto durante algún tiempo. Danos tu opinión."

"Estás en lo correcto; hemos estado trabajando con Polydeck, pero de forma limitada. Sin embargo, nuestra experiencia ha sido muy buena. Hemos encontrado su producto ser de alta calidad, y aún más, el apoyo de sus productos ha sido tremendo. Estoy muy impresionado".

"¿Estás impresionado lo suficiente como para respaldar a Polydeck para toda la operación de esta empresa?"

"Absolutamente, creo en Polydeck y también en lo que ellos representan. Nos han tratado de manera justa en todos los aspectos de nuestras relaciones, y deseamos trabajar con ellos."

"Perfecto. Sr. Freissle, gracias por su tiempo. Permítanos algún tiempo para discutir el asunto, y nos pondremos en contacto con usted en breve."

Bueno, eso fue todo. Peter había hecho su mejor esfuerzo, y había sido fiel a lo que él creía que Dios quería que hiciera. Tenían un gran producto y una buena historia con la empresa. Al principio, Polydeck tenía aproximadamente el 30% del negocio de la empresa minera. Peter tenía la esperanza, no, oraba para que el porcentaje aumentara al 50%. En realidad, al principio estaba orando para que no perdieran el contrato con la empresa. Pero ahora las cosas parecían más brillantes y Peter sintió que Polydeck podría obtener el 50% por el que oraba.

Fieles a su palabra, fue programada una reunión de seguimiento. "Sr. Freissle, hemos examinado su producto, así como los productos de algunos de sus competidores, y hemos dedicado mucho tiempo discutiendo posibilidades con nuestros directivos.

"Originalmente, sé que llegaste con la esperanza de incrementar tu contrato con nuestra empresa y posiblemente incrementarlo a 50%. Sin embargo, basándose en los comentarios de Aseph y su equipo, hemos decidido que no vamos a darle el 50%." El corazón de Peter se hundió.

"Tenemos un contrato aquí que le ofrece 100% de nuestro negocio. Hay otro elemento importante de este contrato. Nos gustaría ofrecerle 100% de nuestro negocio, para el resto de la vida de la mina."

Seguramente, Peter no escuchó al CEO correctamente. Sabía que su producto era de alta calidad, pero ¿100% de la empresa? Cualquier mina mantendría sus proveedores sólo para mantener sus opciones abiertas. ¿Realmente abría escuchado lo correcto? ¿Durante el resto de la vida útil de la mina? Este tipo de contrato era algo desconocido en los negocios de Peter. Esto no es posible.

Pero lo fue; y así era. Sí, Peter escuchó correctamente los términos del contrato. Se preguntó si esto era una recompensa de Dios por ser fiel. O ¿era sólo buen negocio por parte de la compañía asiática, o ambas cosas? Una vez más, uno puede preguntarse; "¿Esto es una coincidencia de Dios, o una incidencia de Dios"? No había ninguna duda en la mente de Peter. De cualquier manera, Peter volvió de Asia listo para desafiar los temores de su equipo de ventas. Peter sabía que no todas las transacciones iban a resultar como ésta, pero sabía que Dios le había confirmado que iba a respaldar ese llamado original y apoyarlo completamente. El regreso de Peter a Spartanburg fue interesante. Cuando Peter relató la historia al vicepresidente de ventas y el equipo de ventas, hubo mucha emoción, entusiasmo, maravilla y confianza.

Reflexión

Hay cínicos que ven el emblema de "un pez" en un camión de trabajo o tarjeta de negocios y piensan inmediatamente que esta persona o empresa está posiblemente utilizando este emblema como una forma de hacer negocios. Aquí en los Estados Unidos es difícil creer que alguien estaría tan ofendido por un emblema cristiano hasta el punto de no hacer negocio con una empresa debido a dicha declaración. Como en el comercio en el mercado global y mientras los Estados Unidos continúa siendo aun más multicultural, ciertamente hay países y empresas que se niegan a hacer negocio estrictamente basado en creencias religiosas.

Dicho esto, ¿estás seguro de que deseas hacer una declaración pública que eres cristiano? Además, si es así, ¿cuál es tu propósito en esa declaración? ¿Estás mostrando "el pez" para llamar la atención con la esperanza de hacer negocios con otros cristianos? Por otro lado, estás declarando, "yo soy cristiano, y como tal, llevaré a cabo mi negocio con usted como se indica en la Epístola de Santiago, con sabiduría, humildad y dependencia de Dios".

Por supuesto, es una tarea difícil. En la Epístola de Santiago el autor declara; "Porque donde hay envidias y rivalidad, también hay confusión y todas clase de acciones malvadas. En cambio, la sabiduría que desciende del cielo es ante todo pura, y además pacífica, bondadosa, dócil, sincera. En fin, el futuro de la justicia se siembra en paz para los que hacen paz." (Santiago 3:16-18 NVI)

Cuando estamos trabajando con clientes que practican estos atributos, es fácil para nosotros devolver los mismos valores. Lamentablemente, no todos con los que trabajamos van a estar preocupados por la paz, gentileza o humanidad. A veces tendremos que trabajar con gente que sólo se ocupa de salir ganando, independientemente de la circunstancia. A veces podríamos encontrar personas que discriminan contra nosotros debido a nuestra fe. Dale vuelta a unas pocas páginas a 1 de Pedro 2:20 y ve cómo este autor respondería, "Pero, ¿Cómo pueden ustedes atribuirse mérito alguno si soportan que los maltraten por hacer el mal? En cambio, si sufren por hacer el bien, eso merece elogio de Dios."

Capítulo 6

Habrá una Barbacoa y Usted Está Invitado

"Te van a masticar y luego te van a escupir". Este fue el comentario de David a Peter para la gran reunión del día siguiente. David tuvo una reunión con las mismas personas unas horas antes y eso fue lo que le sucedió. Unos meses antes, Polydeck había hecho una gran venta a una mina en Nueva Jersey. Como siempre, especificaciones exactas deben ser proporcionadas por la mina a Polydeck para garantizar el trabajo, pero en este caso algo había ido muy mal. Hubo un error en las especificaciones que resultó en la pérdida de 750.000 dólares de materia prima en la mina. Además, hubo pérdidas de tiempo en la producción, reinstalación y recursos. La lista seguía creciendo y la pérdida potencial parecía catastrófica. Amenaza de demandas legales estaba sobre la mesa y la situación llegaba a un punto crítico.

David viajó a Nueva Jersey, preparado para la reunión inicial. Previamente, David ya había hecho transacciones con el vicepresidente de operaciones, y tenían una buena relación de trabajo con él. Mientras David, viajaba, asumió que al reunirse con el vicepresidente iba a encontrar una solución rápida, poniendo el incidente en el pasado.

Nada podría estar más lejos de la verdad. Mientras David caminaba hacia la reunión, se sorprendió al ver el vicepresidente de operaciones, el presidente de la empresa, varios otros representantes de la empresa y el asesor legal de la misma. Hubo doce representantes de la mina presentes en la reunión y sólo uno de Polydeck. Cuando David entró en la sala de conferencias, sabía que esto no iba a ser un encuentro agradable.

Las presentaciones fueron breves, y el presidente empezó a hablar. Claramente, se encontraba en un estado de ánimo hostil. El presidente acusó a Polydeck del error. Su compañía había proporcionado la información y especificaciones correctas, y Polydeck obviamente se había equivocado en la fabricación, así como la instalación de su equipo. Según el presidente, todo este desastre fue culpa de Polydeck y quería que las pérdidas fueran pagadas. Quería soluciones al problema, y las quería "¡INMEDIATAMENTE!"

David había estado en negocio por mucho tiempo y tras los años trató con un buen número de clientes descontentos, pero esta vez era diferente. No había forma ni tenía la autoridad para dar a este cliente lo que quería, y aunque tuviera la autoridad, no creía que Polydeck tenía la culpa.

Incluso lo más difícil de la reunión fue la decisión que David tuvo que hacer. Como ingeniero de ventas, ¿cómo se vería si tuviera que llamar al jefe por ayuda? En todos sus años en ventas y sin duda en todos sus años en Polydeck, David nunca había experimentado un dilema en el que se sentía tan impotente. La decisión fue dolorosa, pero necesaria. Necesitaba ayuda, y la necesitaba rápido. David llamó a Peter y compartió todos sus problemas. Esa fue la llamada que trajo a Peter durante la segunda reunión.

Al día siguiente, Peter y David entraron en la sala de juntas y se enfrentaron con los mismos doce representantes del día anterior. Las presentaciones fueron aún más breves en esta ocasión e inmediatamente el presidente de la mina se lanzó en su diatriba señalando los errores de Polydeck y su responsabilidad hacia este problema. Señaló que Polydeck era responsable de más de $1.000.000 de dólares en daños y perjuicios, y esperaba que Polydeck solucionara "su" problema, así como pagar a la mina por sus pérdidas acumuladas.

Finalmente, fue el turno de Peter, y sabía exactamente donde él debía empezar: con "LA VERDAD". Peter comenzó con repartir una de sus tarjetas de presentación a cada una de las personas al otro lado de la mesa. Luego, pidió que todos leyeran el reverso de la tarjeta donde se encontraba La Declaración de la Misión y Valores Fundamentales de Polydeck. Tras una breve pausa, Peter habló directamente con el presidente, "Sr., quería que conociera primero los Valores Fundamentales de nuestra empresa. Quiero que sepa exactamente de donde vengo, cómo voy a llevar a cabo nuestro final de esta reunión, cómo me comportaré y qué principios utilizaré para llegar a una solución a este asunto. "

El Presidente recogió la tarjeta de Peter, la leyó nuevamente, indignado la lanzó a la mesa y dio vuelta a su silla para mirar por la ventana. Después de unos momentos volvió nuevamente a la mesa, leyó la tarjeta de presentación por tercera vez, nuevamente indignado tiró la tarjeta a la mesa y nuevamente volvió a su silla para mirar por la ventana. Cada vez que el presidente miraba por la ventana, Peter se ponía en guardia para el ataque. Cada vez que el furioso Ejecutivo leía la tarjeta, Peter se sentía como un cordero indefenso que se lleva al sacrificio. La tensión en la sala iba aumentando exponencialmente y todos los ojos estaban sobre el presidente.

En las semanas anteriores a la reunión, la posición de Polydeck había sido dejada en claro a la empresa minera. Todos en la sala sabían que Polydeck aseguraba que el proyecto se había realizado conforme las especificaciones proporcionadas. El problema era que los representantes de la mina, así como su presidente, habían llegado a la reunión con una sola misión en mente, hacer que Polydeck pagara por todos los daños.

El presidente comenzó a hablar en un tono sorprendentemente tranquilo que sugirió que estaba produciendo un cambio. "Tengo estos mismos valores. Creo que necesitamos un breve receso para reunirme con mi gente." En ese momento el presidente, junto con sus acompañantes se levantaron y salieron de la sala de juntas. Unos minutos más tarde todo el grupo regresó a la sala. El presidente comenzó a hablar nuevamente. "Acabo de hablar con nuestro gerente de nuestra mina y nos damos cuenta de que tenemos alguna culpabilidad de nuestra parte. También, me doy cuenta de que esta cuestión no es tan compleja como habíamos previsto. Dime qué pueden hacer ustedes en Polydeck para ayudarnos a resolver este asunto."

¿Qué? ¿Éste fue el mismo presidente y el grupo que el día anterior había aplastado verbalmente al ingeniero de ventas de Polydeck? En esta reunión habían venido a Peter con todo lo que tenían, incluyendo la promesa de una demanda. Ahora, ¿educada y humildemente pedían ayuda? En cuestión de minutos, la barbacoa se había convertido en un picnic. Originalmente, Peter y David eran el platillo principal, pero ahora eran socios y huéspedes de honor. En menos de media hora, soluciones fueron descubiertas y los problemas fueron resueltos. Al final de la reunión, el presidente invitó a Peter volver a la mina en una fecha posterior como su invitado.

¿Qué es lo que posiblemente podría haber ocurrid? ¿Las mentes frescas trajeron ideas frescas que prevalecieron? No es probable porque, no hubo ninguna mente fresca. Los representantes de la mina estaban hambrientos por sangre, y Peter y David esperaban simplemente salir ilesos. Lo ocurrido podría sólo haber sido sólo una cosa. Las convicciones indicadas en la tarjeta de presentación habían sido probadas, y Peter y David habían pasado. Cuando se enfrentaban con una situación extremadamente difícil esos valores siempre ganaban. El mismo Espíritu Santo que los había guiado en la formación de los valores fundamentales y el que los alentó a imprimir los fundamentos en sus tarjetas de presentación, habían tomado el control de la reunión.

Habían ganado el día; no, lo habían conquistado. Los representantes de la mina primero se dieron cuenta de que no se puede combatir con alguien que no pelea de regreso, pero aún más, se dieron cuenta de que no tenían ninguna pelea con alguien que estaba dirigido por los valores cristianos de honestidad, integridad y respeto.

Todos estaban preparados para una barbacoa, pero el "Cordero de sacrificio" había sido protegido. A veces incluso cuando se cancela la barbacoa, puedes disfrutar de postre. Esta experiencia potencialmente desastrosa fue un marcador significativo para David. David había trabajado con Peter durante varios años y valoraba tanto su relación profesional y personal. Cuando David comenta la historia de la tarjeta de presentación y el enfrentamiento en la mina de Nueva Jersey, señala que su relación de trabajo con Peter comenzó mucho antes de la transformación de Peter. David ha visto a Peter en todo tipo de situaciones de negocios, cuando los tiempos son buenos, y cuando los tiempos no son tan buenos. Debido a esto, David no estaba seguro de cómo Peter iba a manejar la situación siendo "el platillo principal". Había un par de posibles respuestas a la agresión verbal que había experimentado el día antes.

La respuesta que David testificó fue una respuesta de la humildad. Fue una respuesta de un hombre que sabía que Jesús es el maestro del universo, y que Jesús era el maestro de esa reunión. Fue una respuesta de un hombre que sabía que imprimir tarjetas de presentación era barato y fácil, pero vivir una vida comprometida a los valores fundamentales al respecto, era esencial. No hacerlo no sólo era mentir a sus clientes y sus empleados, sino mentir al mismo Dios que le había dado su vida y este negocio.

La experiencia de Nueva Jersey fue un punto decisivo para David. Como muchos de los vendedores, él se había reservado un poco en el riesgo, incluso la exposición, de hacer una afirmación audaz en sus tarjetas de presentación. "¿Significa esto independientemente de la situación?" "¿Significa esto independientemente del costo?" "¿Nos respaldaría Peter en nuestros desafíos?"

En ese momento más hostil de la situación, Peter no respaldó a David; Peter llevó a cabo la batalla. El jefe de David, el presidente de la compañía, afirmó clara y convincentemente, que era cómo él y Polydeck realizarían sus negocios bajo cualquier circunstancia.

David se alejo de Nueva Jersey ese día llevando una Tarjeta de Presentación que simbolizaba una declaración de quién era y lo que representaba. David presenció un evento increíble. Hasta el día de hoy él no puede explicarlo completamente, pero con entusiasmo comparte esta "historia" con sus compañeros de ventas y los alienta a apoyar la declaración de los valores fundamentales en la parte posterior de su tarjeta de presentación.

Cuando Peter refleja en este evento memorable, todavía se sorprende cómo el poder del Espíritu Santo era claramente evidente que dejó una marca indeleble en todos aquellos en la sala ese día. Era increíble—real e innegable. Para Peter, este evento fue innegable evidencia del impacto de unas sencillas palabras de verdad en la parte posterior de una tarjeta de presentación, mezclada con convicción y confianza en la vida del maestro del universo.

Reflexión

Volviendo al libro de Daniel, usted recordará que Nabucodonosor fue rey de Babilonia. Babilonia fue una gran nación y logró la grandeza a través de conquistar las Naciones adyacentes. Durante el proceso tomaron a muchos esclavos, incluyendo a tres jóvenes judíos llamados Sadrac, Mesac y Abed-nego.

En el tercer capítulo de Daniel, la historia es contada de cómo Nabucodonosor pasó una ley donde exige a todos hacer reverencia a adorar y rendir culto a un Dios que él había construido. La desobediencia a inclinarse a adorar significaba que el delincuente sería arrojado al horno de fuego ardiente. Sadrac, Mesac y Abed-nego habían crecido como judíos, y conocían la palabra de Dios. Conociendo la palabra de Dios, sabían la voluntad de Dios y ellos sabían que Dios no los obligaría a adorar a un ídolo. No les permitiría someterse a la orden de un líder impío, aun para salvar su propia vida.

En Daniel 3:15, se les advirtió por segunda vez que el negarse a someterse resultaría en destrucción para ellos. Su respuesta fue clara, "si es así, nuestro Dios a quien servimos puede librarnos del horno de fuego ardiente... pero incluso si no lo hace, que lo sepas bien oh rey, que no vamos a servir a tus dioses o adorar la imagen de oro que tú has hecho." Estoy seguro de que Sadrac, Meshach, y Abed-nego tenían varias resoluciones posibles en mente. Dios podría cambiar el corazón del rey y el rey podría perdonarlos y permitirles seguir su camino. Dios podría cambiar el corazón del rey, y él podría elegir un castigo alternativo, menos severo. Dios optaría por no intervenir y podrían ser arrojados al fuego abrasador y quemarlos. La fe y la valentía de Sadrac, Meshach y Abed-nego no se basaba en conocer el resultado final. Su fe y su valentía se basaba en saber que Dios era capaz de rescatarlos o no, fuera lo que fuera el resultado, estaban en manos de Dios.

Las decisiones de negocios son a menudo complejas y complicadas. A veces nos encontramos con decidir entre varias de las opciones "más adecuadas". Frecuentemente las decisiones se reducen simplemente a; lo qué es correcto y lo que no.

Siguiendo el ejemplo de estos tres jóvenes, debemos saber que una vez que determinamos el propósito de Dios para nuestra vida y nuestro trabajo no debemos enfocarnos en el hecho de que Dios quiere lo mejor para nosotros. Independientemente de las circunstancias, estamos en sus manos. Si realmente confiamos en que estamos en las manos de Dios, y aunque la batalla sea dura nuestra decisión está hecha. En este mismo capítulo de Daniel, encontramos que los tres hombres fueron arrojados al fuego abrasador, pero ocurrió algo extraño. Ellos no se quemaron, sino los vieron "caminar" en medio del fuego.

Si bien la voluntad del rey había sido llevada a cabo, el Dios del Universo—el verdadero Rey había intervenido en las vidas de estos tres hombres. Dios intervino de una manera que nunca podrían haber imaginado, porque sólo Dios recibió la gloria. Un punto interesante fue que el capítulo terminó con, "entonces el rey mando a Sadrac, Mesac y Abednego a perfeccionar en la provincia de Babilonia."

— CAPÍTULO 7 —

LO QUE PASA EN LAS VEGAS...

Polydeck es un fabricante de paneles de filtrado utilizados en las minas y canteras. Como muchas industrias, la industria minera tiene una convención internacional, tan grande que sólo se celebra cada tres años y se denomina "la más grande del mundo y más completa exposición dedicada a la minería." Qué oportunidad para el departamento de ventas de Polydeck obtener un lugar frente a potenciales clientes de minas alrededor del mundo. Para la mayoría de los ingenieros de ventas de Polydeck no era una nueva experiencia. Ya habían estado muchas veces en la convención de Las Vegas.

Las relaciones establecidas y mantenidas en este show podrían beneficiar o perjudicar a Polydeck, y ciertamente podría definir una carrera para cualquiera de los ingenieros de ventas. Mientras Polydeck es una industria líder en calidad y aplicación de su producto, todo el mundo sabe que el primer paso en ventas es establecer relaciones con los clientes. Independientemente de la industria o el producto, la relación es el factor decisivo en muchas ventas. Polydeck, así como su competencia, van a Las Vegas con una misión y una estrategia. Hacer lo que sea y gastar lo que sea necesario para entretener a los diferentes representantes de las minas. Como se puede imaginar, en Las Vegas "lo que sea necesario" es una declaración amplia que puede incluir a todo tipo de abuso y libertinaje. En los últimos años no había fronteras, "lo qué pasaba en Las Vegas, se quedaba en Las Vegas". Establecer la relación, obtener la cita; y así obtener la transacción. Básicamente, su objetivo era minimizar la competencia.

Era la estrategia de la "vieja Polydeck". ¿Ahora, qué pasaría con la "nueva Polydeck". Durante semanas antes del show, Peter había estado pensando sobre su resultado, porque sabía cómo Dios le había hablado y había cambiado su corazón. Peter tenía pruebas concretas de la protección de Dios y la bendición a través de la convicción de luchar por la adhesión a los valores fundamentales. Esto sería diferente, porque incluiría a todo el equipo de ventas, y habían estado haciendo negocios a la manera de Vegas durante muchos años. Mientras Peter pensaba en las posibilidades, se dio cuenta de que personalmente podía mantener su adhesión a los valores fundamentales y al mismo tiempo permitir que su equipo de ventas "utilizar su mejor juicio." Esto era una sola venta de la que él estaba hablando, pero lo que sucediera en esta conferencia establecería el curso para todo el año.

Claramente, habría una pequeña parte del mercado que podría estar de acuerdo con los valores fundamentales y agradecería su posición, pero esto era una oportunidad de hablar con prácticamente cada cliente potencial de todo el mundo. Peter sabía que éste sería un momento clave para Polydeck. Las opciones: hacer el negocio como de costumbre, continuar prosperando y crecer como un líder de empresa e industria, o tomar un riesgo enorme y posiblemente sufrir tremendas pérdidas en ventas. La pérdida en ventas se traduciría en pérdidas de ingresos personales para cada uno de su equipo de ventas, que sin duda daría lugar a perder parte de su más ávido personal de ventas. La palabra "integridad" es una palabra enorme. A menudo se define como "hacer lo que es correcto, aún cuando nadie está mirando". Una definición más difícil es "hacer lo que es correcto, sin importar el costo".

La noche antes del la conferencia, Peter se reunió con su equipo de ventas, "señores, mientras están en Las Vegas, ustedes representan a Polydeck y como tales, representan a nuestros valores fundamentales y si deciden violar estos valores habrá consecuencias significativas para usted personalmente y para nuestra empresa." Un ingeniero de ventas respondió: "Peter, sabes que hay varios clientes procedentes de todo el mundo que no comparten estos valores y contratos sustanciales e importantes cuelgan en la balanza aquí en Las Vegas. ¿Estás bien con el hecho de que si decidimos ir por este camino, podríamos perder muchas transacciones?"

Peter respondió, "Aquí es donde mostramos de lo que estamos hechos. Aquí es donde debo tomar posición en lo que realmente creo. Cuando estén con estos clientes, están representando Polydeck y cuando están representando a Polydeck están representándome personalmente. No puedo permitir, no, no permitiré que nadie aquí me represente en otra forma que no sea lo que hemos puesto en la parte posterior de nuestras tarjetas de presentación. Si vivimos estos valores y se pierde ese negocio, entonces no quiero ese negocio. Si eso es lo que se necesita para obtener su negocio, necesitan ir a otro lugar."

Además, "yo quiero que todos sepan que no están aquí sólo como empleados de Polydeck. Ustedes están aquí como esposos y padres. Y es esencial que recuerden esto cuando estén allí los próximos días, representan a sus familias, así como a Polydeck. Están representando al mundo lo que creen ser un marido. ¿Estarían orgullosos de compartir el precio pagado por un contrato logrado ante de su esposas?" Lo que pasa en Las Vegas no se queda en Las Vegas. Lo que sucede en Las Vegas, Dallas, Brasil o Indonesia, define quién eres. La integridad no desiste con las circunstancias. Harry Truman dijo, 'Has lo correcto y arriésgate a las consecuencias'."

Simple, pero cierto. Como un líder, es importante

que ustedes entiendan que invariablemente usted será definido por el riesgo más bajo. Independientemente de la racionalización, un puente la integridad habla claramente a los que te siguen, "Es un líder excelente, un gran hombre, que hará lo que sea necesario para hacer el trabajo". Esto puede parecer bueno, pero ¿cuál es el costo? Lo que realmente significa "hacer el trabajo"

La decisión de Peter fue hecha fácil. El comportamiento de los ingenieros de ventas se refleja en Peter como Presidente y CEO de Polydeck. El entendimiento de Peter, que Dios es dueño de su empresa, le enseño que su comportamiento debería reflejaría al verdadero Dueño. El proceso de una comprensión clara de la misión (Misión) y valores (Valores Fundamentales) simplifica el proceso.

Cuando Peter reflexiona sobre este tema, a menudo se maravilla que mediante definir y comunicar los valores fundamentales, no sólo se han convertido en la "mano Invisible", que guía el "cómo y el por qué" del negocio, sino también poseen a cada persona responsable ante estos valores tanto a nivel personal como social. Los valores se han convertido en la "regla" por la que todo y todos se miden. Las ventas y beneficios son importantes para cualquier negocio, pero si la verdadera misión es glorificar a Dios, entonces las ventas y las ganancias son secundarias y posiblemente un subproducto.

En cierto modo, las decisiones como éstas son complejas, ya que podrían afectar tu vida espiritual y tu vida empresarial y financiera. El impacto en la vida espiritual es inmediato, porque la paz que viene con la obediencia es innegable e indescriptible. El impacto financiero se mide más tarde, porque a menudo no sabes si has perdido ciertos negocios. Siempre puede medir ganancias o pérdidas en ventas e ingresos. Tal vez fue sólo un buen año económico para la industria minera, o tal vez fue sólo suerte. Quizás fue un resultado del trabajo de los ingenieros de ventas que trabajaron más inteligentemente, sabiendo que no tenían una de sus herramientas de ventas *normales*. O, tal vez fue la bendición de Dios sobre los ingenieros y Polydeck por su obediencia. Es imposible saber, pero lo que sí sabemos es que las ventas derivadas de la convención de Las Vegas ese año registraron nuevos récords para Polydeck. Las relaciones se establecieron basadas en prácticas de negocios y materiales de calidad, no en visitas pagadas a clubes nocturnos.

Además, las esposas de los ingenieros de pueden tomar gran consuelo en saber que a sus maridos no se les espera cruzar la línea de integridad de su matrimonio. En cambio, están siendo alentados y apoyados mientras caminan en el "camino estrecho".

Reflexión

Anteriormente vimos la historia de Daniel, Nabucodonosor, Sadrac, Mesac y Abed-nego. Cuando Nabucodonosor, rey de Babilonia, derrotó a Judá, había transportado a muchos de los cautivos a su patria y ordenó que los mejor parecidos y más inteligentes de los jóvenes de Judá fueran traídos para trabajar en su palacio. La intención de Nabucodonosor era doble. En primer lugar, tendría un servicio excelente de los mejores y más brillantes esclavos. En segundo lugar, trató de asimilar a estos hombres jóvenes a su cultura, asegurando su completa lealtad.

Como con cualquier puesto favorecido, hubo ciertos beneficios concedidos a estos jóvenes, incluyendo las raciones diarias de alimentos y bebidas de la elección del rey, así como la mejor educación. Los beneficios presentaban un gran problema para Daniel y sus amigos. La comida y las bebidas de Nabucodonosor significaban una violación directa de las normas bíblicas de estos jóvenes judíos. La ley judía incluía normas estrictas de alimentación para mantener la santidad y para asegurar que el pueblo de Israel fuera fácilmente reconocido claramente diferente. Iban a ser diferentes de manera que quedaría claro por simplemente observarlos.

Por haber crecido en Jerusalén, estos jóvenes estaban familiarizados con la ley Levítica y los propósitos establecidos en Deuteronomio. Sabían distinguir el bien por el mal.

En Daniel 1:8–21, el joven Daniel había tomado la decisión que él no profanaría consumiendo de la comida y la bebida del rey. Daniel fue al comandante de los funcionarios, su "supervisor" y pidió permiso de no comer de la comida del rey, sino recibir alimento que no violaban sus normas bíblicas.

Sabía que el rey había proporcionado estos alimentos, sabiendo que si sus siervos fueran bien alimentados funcionarían mejor y le servirían mejor. Daniel propuso un reto al comandante. "Por favor pon a prueba a tus siervos por diez días y danos solamente verduras para comer y agua para beber. Luego deja que nuestra apariencia y la apariencia entre los otros jóvenes que están comiendo alimentos de elección del rey sea observada ante tu presencia y has con tus siervos según lo que ves.

Los resultados de este arriesgado desafío son dados en los versículos 15 y 16, "Y al final de diez días su aspecto parecía mejor y estaban [más saludables] que todos los jóvenes que habían estado comiendo alimentos de la elección del rey. Así el supervisor siguió reteniendo los alimentos de elección y el vino y mantuvo dándoles verduras y agua".

En nuestros diversos lugares de trabajo, nos desafían a ajustar nuestros estándares a nuestra cultura, nuestra industria o nuestra empresa, sabiendo todo el tiempo que esta norma es menor que lo que pide Dios de nosotros. ¿Qué podría estar mal? Los vendedores están haciendo ventas, estamos haciendo negocios y nuestros amigos son buenas personas con las que nos gusta convivir. Después de todo, no nos estamos vendiendo simplemente nos estamos comprometiendo. Lo que pide Dios de nosotros es evidente. Especialmente, como cristianos en el lugar de trabajo, debemos ser diferentes. Debemos vernos diferentes y apartarnos para la santidad.

El mensaje de Daniel fue un paso más allá. Cuando Daniel y sus amigos mantuvieron los estándares de Dios, la Biblia dice, "su apariencia parecía mejor" que los demás. Más aún, en el versículo 20 de las Escrituras, afirma que "(el rey) los encontró diez veces más inteligentes que todos los (otros)..." En el lugar de trabajo, nuestro objetivo no debe ser simplemente sobrevivir manteniendo las normas de Dios. Nuestro objetivo debe ser "(funcionar mejor)" debido a la norma de Dios.

Verás, cuando Daniel y sus amigos pidieron algo diferente para comer, la diferencia entre ellos y el resto de los funcionarios fue obvia. Tras el periodo de prueba, cuando el comandante comparo a Daniel y sus amigos con los otros sirvientes, la diferencia fue obvia. Cuando tus compañeros de trabajo, empleados, clientes, comunidad, te mire ¿la diferencia entre tú y los otros que no conocen de Dios será obvia?

— Capítulo 8 —

Prepárate Para la Batalla

A principios de 2006, cada mes, el Comité de Cuidado trae a una organización local sin fines de lucro, para ver lo que Polydeck puede hacer para ayudarlos. Como cuestión de política, un porcentaje fijo de los ingresos de Polydeck (no ganancias) es destinado para contribuir a las organizaciones locales. Ellos creen que este es una forma de vivir su fe en la comunidad y compartir los recursos que Dios les ha dado y les ha confiado.

Allí, en la sala de juntas, el joven de la Cruzada Estudiantil compartía hasta qué punto le había dado su vida a Cristo y cómo confiaba en Cristo, incluso en los momentos más difíciles. En ese momento, alguien llamó a la puerta. Por respeto a la organización visitante, el Comité trabajó duro para no ser interrumpido durante su reunión mensual. Esto debía ser serio. El asistente administrativo de Peter le comunicó que tenía que salir de la reunión, y que tenía que salir "inmediatamente." "Hay un oficial de la corte y ha pedido hablar específicamente con Peter." Polydeck, al igual que Peter, estaban siendo demandados.

Varios meses antes, Peter había sido contactado por un competidor importante expresando sus deseos de comprar a Polydeck. Cuando Peter informó al competidor que no estaba interesado en vender, el estado de ánimo de la reunión cambió. Peter era dueño por segunda generación y había crecido en esta empresa. Además, estaba esperando el día en que podría enseñar a sus hijos del negocio familiar y finalmente, trabajar de lado a lado con ellos. Esta amenaza de toma de posesión no le caía nada bien. Después de meses de rechazar a las ofertas de compra, Polydeck estaba siendo demandado por este competidor por violación de patentes. Esto no podía ser posible. No había manera de que Polydeck hubiera violado ninguna ley, y desde luego no había infringido ningún patente existente, pero Peter y Polydeck pronto se enteraron de que en el sistema judicial, el estar correcto y el probar correcto son dos cosas diferentes. Iba a costar una fortuna defenderse de los cargos, pero la otra opción era ceder y vender la empresa.

Esto era una situación tan difícil en la que Peter nunca había estado. Aunque Peter estaba seguro de que él y Polydeck estaban en lo correcto, su enemigo era el gigante proverbial de ochocientas libras. Esto era verdaderamente una batalla entre "David y Goliat". La parte demandante era una empresa gigante y parecía tener recursos ilimitados.

Otra decisión como la de los valores fundamentales tenía que ser hecha. ¿No nos adherimos sin falla a los valores cristianos de honestidad e integridad y arriesgamos todo? ¿Debemos ceder ante el fraude y la manipulación? Ceder resultaría en vender la empresa y recibir una suma razonable de dinero, como también sacrificar la integridad de Peter.

Una vez más, Peter se puso en posición de determinar si se dedicaba por completo a los valores fundamentales, o si los tomara como una guía. Peter oró por la dirección de Dios. Ésta no era una decisión que afectaría sólo a él, sino que era una decisión que afectaría a los puestos de trabajo de todos en Polydeck. De la oración, Dios tuvo dos respuestas. En primer lugar, "Peter, ¿por qué cree que de todo el tiempo en que estos documentos podrían haber sido entregados, te los entregaron mientras estabas en medio de hacer MI trabajo?" Y el segundo se produjo en la pequeña capilla, (conocida cariñosamente en Polydeck como la oficina del jefe), que había sido construída en el centro de las oficinas de Polydeck.

Mientras Peter oraba, una imagen en la capilla llamó su atención. A pesar de haber visto esta imagen muchas veces, de repente, la respuesta de Dios fue revelada. Representado en la foto estaba Jesús caminando sobre el agua, con las manos extendidas mientras San Pedro se hundía en el agua, con una simple inscripción en la parte de abajo, "Confía en Dios." La respuesta de Dios fue clara: "¿Si yo soy el

Señor del Universo, no soy capaz de hacer lo que se piensa que es imposible? ¿Si puedo hacer un hombre caminar sobre el agua, no puedo ayudarte a tener éxito en esta cuestión jurídica? Oh, hombre de poca fe. Lo único que pido es que pongas toda tu CONFIANZA en MÍ. HUMILDAD NO SIGNIFICA RENDIRSE." Peter llamó inmediatamente a su abogado y su mensaje fue breve: "¡Prepárate para la batalla!"

Aparece la Tarjeta de Presentación

Se estaban haciendo preparativos para la batalla, Polydeck estaba reuniendo toda la documentación que incluye la invención y el desarrollo de sus productos. Se estableció una cronología exacta para cada movimiento. Esto fue crítico con el fin de demostrar que sus productos se habían desarrollado independientemente y que todas las fechas de la investigación fueron antes de cualquier trabajo realizado por su competidor. Como un esfuerzo por demostrar sus respectivas posiciones, estos procedimientos se llevaban a cabo por ambas partes.

Entonces, de la nada, Peter recibió una llamada del director general de la compañía atacante. "Peter, me gustaría reunirme con usted antes de mi declaración." Al día siguiente, Peter y el otro director general se reunieron en un lugar neutral. Peter estaba preparado para la reunión, sabía que esto no iba a ser una reunión para la comparación de los documentos y los plazos. Esto se llevaría a cabo en los tribunales. Esto no iba a ser una reunión para ver qué se podía hacer para resolver el problema. Esta era la "línea en la arena", el encuentro entre David y Goliat y Peter tenía sólo un arma.

Después de que el director general manifestó su posición, Peter tranquilamente metió la mano en su bolsillo y sacó su tarjeta de presentación. "Ya sabes mi nombre, y mi posición en la empresa, pero me gustaría que lea la parte de atrás de mi tarjeta de presentación. Me gustaría que sepa lo que somos, lo que representamos, y lo que nuestra empresa representa. Creo que es justo que usted sepa con lo que se está enfrentando. El director general tomó la tarjeta, la leyó y la mantuvo en sus manos. "Estos son buenos valores".

Peter les dijo: "Quiero que sepa que la honestidad es el valor fundamental de nuestra empresa y cuando esté en el estrado frente al juez, voy a hablar con la verdad. Además, quiero que sepas que delante de Dios, ya sea que lo reconozca o no, usted tiene la responsabilidad igual de decir la verdad de sus intenciones y el porqué está detrás de todo esto."

La sala estaba en silencio. Peter había hablado lo que Dios había impreso en él, ahora el trabajo estaba fuera de sus manos. El director se quedó callado por un largo tiempo. Despacio pero con claridad, se produjo un cambio en él. No sólo un cambio de actitud, sino un cambio visible. El director respondió: "Estos valores son ejemplares, y me gustaría vivir por estos mismos valores. Y con estos valores, no sé si pueda estar frente al juez y dar mi declaración. Hablemos."

Durante la siguiente hora y media y el director general y Peter hablaron como dos caballeros, verdaderamente buscando la resolución adecuada. Al final de su turno, Peter le preguntó: "¿Podemos estar de acuerdo con determinadas condiciones, negociar y resolver esta cuestión?" La respuesta del director fue simple: "Sí".

A partir de ahí Peter y el director general elaboraron un plan que simplemente describía cómo las tres demandas se resolverían. El punto final fue que esta resolución sería "con prejuicio", lo que significa que en realidad es final, y que ninguna otra medida sería tomada. El documento fue firmado por ambas partes, y todos se fueron a casa satisfechos de que fue posible una solución razonable.

El alivio no duró mucho, porque al día siguiente, Peter recibió una llamada telefónica de los abogados que representaban a la compañía demandante. Llamaron para informar que ellos consideraban que el documento es nulo y de ningún valor. Los abogados sostuvieron que la redacción del documento no tenía la intención de que sea vinculante para ambas partes.

Lo que sucedió fue realmente muy simple. Durante su reunión del día anterior, Peter había manifestado sus valores fundamentales, y el poder del Espíritu Santo había tomado el control de la reunión y de los hombres. Bajo el poder del Espíritu Santo, sus objetivos habían sido uno; encontrar la solución que ante Dios es verdadera y correcta. Al día siguiente como el director general y los representantes de la empresa se reunieron, el Espíritu Santo no estaba presente.

Ahora, sólo había un camino a seguir. En última instancia, el caso podría acabar en los tribunales, por lo que el reto para Goliat era que ahora Peter tenía su copia del documento que el director general había firmado, en el que los temas están claramente definidos y resueltos. El día de la corte llegó y ambas partes expusieron sus posiciones con gran complejidad. Al final de la presentación de Polydeck, el juez recibió una copia del acuerdo entre Peter y el director general.

Después de un examen minucioso revisión de la ley, el juez declaró que el acuerdo era vinculante, y el caso fue desechado a favor de Polydeck.

La batalla había terminado y David se había enfrentado a Goliat con una simple arma, Honestidad. Peter y Polydeck ganaron el caso. Peter estaba a salvo, Polydeck estaba a salvo, y el futuro de sus empleados estaba a salvo. Una batalla que ningún ser humano podría haber esperado ganar contra el Goliat de la industria, pero había sido ganada por la gracia de Dios.

Peter no fue ingenuo porque se dio cuenta de que la honestidad no siempre es el factor decisivo. Sabía que cuando el Espíritu Santo entra en la sala, muchos de ellos son tan resistentes a esa insistencia suave que sólo se gobernarán por sus propios intereses codiciosos. El compromiso de Peter de apegarse a los valores fundamentales, para responder en primer lugar a Dios, debió ser completa. A veces, ese compromiso se resolvería a su favor y, a veces no, pero siempre iba a salir a su favor con su relación con Dios. Si Peter creía que Dios poseía su negocio, la honestidad e integridad son dos valores que el propietario no estaba dispuesto a arriesgar en el CDI (Costo De Inversión).

Idea de Último Momento

Este incidente entre David y Goliat se llevó a cabo hace varios años. Peter no ha tenido la oportunidad de hablar con el director general desde entonces, sin embargo, se pregunta a menudo. El director había visto y experimentado el poder del Espíritu Santo, y más que eso, él vio al Espíritu Santo proteger a un hombre y una empresa que se rige por valores fundamentales cristianos. ¿Dónde está este director el día de hoy? ¿Será posible que esta experiencia fuera un punto de reflexión en su vida, así como sus negocios? ¿Es posible que este ejemplo sea un punto de reflexión en tu vida o negocio?

Reflexión

En el libro de 1 Samuel, en el capítulo 17, la historia de David y Goliat es contada. Hubo una batalla inminente entre las naciones en guerra de los filisteos e Israel. Cada uno de los ejércitos acampaba en una colina, con un valle entre ellos. Cada mañana, durante 40 días, un gigante de nueve pies y medio de altura—Goliat—salía del campamento filisteo a desafiar a los israelitas a enviar un hombre a pelear contra él y dejar que el resultado entre las dos naciones sea basada en el resultado del ganador de esta batalla. Los israelitas nunca habían visto a un hombre del tamaño de Goliat o enfrentado a un hombre como ese. El ejército filisteo era bastante intimidante, y para el colmo también se enfrentaban a un gigante.

En esa misma época había una familia en Belén

encabezada por un hombre llamado Isaí. Isaí era el padre de ocho hijos y de edad ya avanzada, y mientras que él era demasiado viejo para luchar, tres de sus hijos estaban en el ejército de Israel. El hijo menor de Isaí, David, se había quedado a cuidar al rebaño de la familia y para servir a sus hermanos llevandoles comida al frente de batalla.

Un día, mientras David visitaba a sus hermanos, Goliat salió a burlarse nuevamente. Como de costumbre, los hombres de Israel estaban muertos de miedo al ver a este gigante, y se retiraban lo más lejos que podían.

Cuando miró al gigante, y escuchó su burla, David preguntó a sus hermanos y los otros soldados lo que estaba sucediendo. Los soldados se sintieron ofendidos de que el muchacho flacucho se atreviera a preguntar algo que tenía que ver con la batalla. Por último, la pregunta de David llegó a los oídos de Saúl, el comandante del ejército de Israel. Saúl también sentía que David era un simple perdedor entre la batalla.

David informó a Saúl que tenía la intención de luchar contra Goliat, y estaba seguro de una victoria porque Goliat y los filisteos se habían topado con "los escuadrones del Dios viviente." Luego David tomó un bastón en la mano, junto con cinco piedras lisas y su honda y salió al encuentro con Goliat. A medida que el gigante se burlaba de la juventud de David él le respondió: "Tú vienes a mí con espada, lanza y jabalina, pero yo vengo a ti en el nombre de Jehová de los ejércitos, el Dios de los escuadrones de Israel, de quien tú te has burlado."

Si bien hoy en día podríamos enfocarnos en la imprudencia de David al enfrentarse a un gigante, David tenía un par de cosas a su favor que Goliat no sabía. En primer lugar, al ser judío, David estaba consciente del pacto hebreo con Dios, donde Dios había prometido que sería una "gran nación para siempre." Basándose en eso, David sabía que Israel no sería destruida. Tengo que preguntarme, ¿realmente sabía lo que podía pasar? Aunque la nación de Israel sobreviviera ¿estaba completamente seguro David de que iba a ganar la pelea?

No tenemos forma de conocer la mente de David, sino por sus acciones, él sabía que estaba en el lado correcto, al lado de Dios, y que él estaba preparado para enfrentar al gigante dependiendo de Dios para el resultado. Enfrentando gigante era aterrador. Pueden ser más grandes, más potentes, tener más dinero, y no puede tener una base moral elevada, pero el Dios de David era un "gigante asesino". Era, después de todo, la batalla de Dios.

Nota:

Lo siguiente es una copia de una nota del abogado que representó a Polydeck en la acción descrita anteriormente. La nota refleja el efecto exponencial de su testimonio. Este incidente singular afecta a los directores de la compañía que estaba en desacuerdo con Polydeck, los abogados que representan a Polydeck, los miembros de la Escuela Dominical de este abogado en particular, y todos los amigos y clientes con los que el abogado comparte la historia.

Desde el principio de mi representación de Polydeck, la tarjeta me mostró que Polydeck y su director general tomaba en serio sus creencias en Cristo, la integridad y la ética. Polydeck no sólo tenía una declaración oficial de sus valores y creencias, sino la empresa descaradamente hizo esta declaración en su tarjeta de presentación. En mi primera reunión con el director general de Polydeck para discutir una demanda que habían presentado contra la compañía, la conversación inicial de Peter conmigo no fue lo que yo esperaba. Normalmente en una primera reunión con los funcionarios de una empresa con una demanda en la corte federal, generalmente la conversación comienza con preguntas sobre las posibilidades de éxito, los costos de litigación, y mi estrategia. Mientras que la conversación eventual llegó a estos importantes temas, Peter comenzó la conversación explicán-

dome la seriedad de su fe, el sistema de valor de Polydeck y dándome la tarjeta de presentación con los valores fundamentales de la empresa impresos en la parte posterior. Fue evidentemente claro para mí que las creencias centrales de la compañía no eran proscritas en un logotipo o lema, Polydeck estaba viviendo y practicando sus valores y creencias. Esta conclusión se vio reforzada en repetidas ocasiones a lo largo de nuestra defensa exitosa de litigación.

Pablo escribe en Romanos que no se avergüenza del Evangelio de Cristo. Poco tiempo después de mi encuentro con Peter, compartí su tarjeta con los miembros de una clase de escuela dominical que enseño, la uso como ejemplo de alguien que no se avergüenza de sus creencias. Yo exhorto a la clase que nunca teman en defender sus creencias.

CAPÍTULO 9

¿CALIDAD CON LA QUE PUEDES CONTAR?

Con el impulso creado por la conferencia en Las Vegas, Peter decidió que era tiempo de compartir la declaración de valores con todos los trabajadores de Polydeck. Muchas veces Peter se ha preguntado ¿por qué tanto tiempo ha transcurrido entre el "Retiro en Silencio" y la introducción de los valores fundamentales? Relató que fue una decisión consciente, primero para Mostrar el amor de Dios en una forma real en práctica antes de que él declare a Dios verbalmente en la empresa. Querían asegurarse de que las personas pudieran ver que esto era una auténtica declaración respaldada por hechos prácticos de cuidado a sus empleados, familias y su comunidad. Sus palabras debían estar respaldadas por—honestidad e integridad—y no sólo una declaración que podría tomarse como hipocresía. Peter sabía que si iban a obtener aceptación por parte de su personal multi-cultural, multi-fe, tenían que "andar el camino" antes de que pudieran "predicar con el mensaje."

Cuando se establecieron los valores hubo rumores en todo Polydeck. Todos estaban entusiasmados con los cambios, así como el ambiente totalmente diferente hacia la "nueva" Polydeck. Como otro paso a la definición de la cultura en Polydeck, Peter decidió permitir que todos los empleados expresaran su opinión a la declaración de la misión y valores fundamentales. ¡Qué gran idea! involucrar a todos los empleados en la promulgación de los "valores fundamentales". ¡Qué mejor manera de asegurarse de que todo el mundo esté involucrado y cantando la misma canción!

No tomó mucho tiempo diseñar en una hoja de declaración con el logotipo de la empresa en la parte superior y la bella caligrafía alrededor del perímetro exterior. En el centro estaban recalcadas las palabras de la declaración de la misión de los valores fundamentales. Abajo estaba el nombre del departamento, seguido por una línea para cada personal del departamento para firmar indicando su apoyo. Se hizo una copia para cada departamento y los diversos supervisores estaban ansiosos por tener su reunión entre su departamento y la emoción que traerían las hojas de la declaración.

Antes de enviar las hojas, Peter convocó a todos los empleados para una reunión, "han pasado seis meses desde nuestro almuerzo de acción de gracias. Como les había prometido, hemos trabajado duro para mostrar que hablamos en serio y que estamos comprometidos a demostrar que ustedes realmente importan. Hoy es el siguiente paso en nuestro proceso para hacer de esta empresa un gran lugar para trabajar. Hemos establecido una Declaración de Valores Fundamentales, que define Cómo operamos este negocio y por qué que estamos en el negocio. Esta declaración es importante para ustedes porque ahora tienen un documento en sus manos por el cual pueden mantenerme a mí y al equipo de supervisores responsables para dirigir y conducir nuestro negocio con honestidad, integridad, respeto y amabilidad. Y si no, ustedes tienen el derecho a cuestionarnos en cualquier momento. Mi puerta siempre estará abierta para ustedes; Sin embargo, quiero que sepan que con cada derecho, hay una responsabilidad, y usted será responsable de comportarse según estos mismos valores. En cuanto al componente religioso de la declaración se refiere, los valores en nuestra declaración son compartidos por muchas religiones y quiero que sepan que respetamos todas las creencias religiosas. A cada fe queremos compartir los sentimientos de la Madre Teresa diciendo que nuestra meta es proporcionarle un entorno amoroso y cariñoso, y alentamos a nuestros hermanos cristianos de cualquier denominación a ser los mejores cristianos que puedan ser. A los musulmanes a ser el mejor musulmán que pueda ser, y nuestros budistas, para ser el mejor budista que pueda ser. Como empresa, nos esforzaremos en honor a Dios en todo lo que hagamos, pero hemos colocado la palabra "luchar" por allí, porque todos somos humanos y fallaremos en algún momento. Pero queremos que ustedes y el mundo entero sepan que continuaremos esforzándonos hacia este noble objetivo. Como mencioné en el almuerzo de acción de gracias, la última declaración refleja la importancia de nuestros empleados y el valor que cada uno de ustedes contribuye a nuestro negocio. Ustedes realmente son nuestro mayor recurso, y como tal, tenemos la intención de cuidar de ustedes de esa manera."

No tomó mucho tiempo para que las hojas fueran completamente repartidas. Dentro de un par de días se reunieron los jefes de departamento en la oficina de Peter ansiosos de compartir la evidencia del apoyo total de todo el equipo, pero no funcionó de esa manera. Uno por uno, cada jefe de departamento dio su informe, y uno por uno, las hojas de instrucción se presentaron con la firma de todos los miembros de ese departamento. Por lo menos hasta que llegó el momento del informe para el departamento de moldura.

William, el supervisor del departamento compartió; "Tuvimos una gran respuesta. Todos estaban contentos de ver lo que estaba sucediendo y todos pensaron que era una excelente idea para mostrar su apoyo firmando la hoja, es decir, todos con la excepción uno."

Peter respondió, "¡Todos menos uno! Espero que hayas sido claro con todos que no estamos pidiendo que afirmen que son cristianos y que no hubo ninguna obligación para firmar. Esto es simplemente una declaración de su apoyo a la misión y valores de la empresa. No necesariamente, estar de acuerdo con la fuente de esos valores."

"Estaban todos muy convencidos. Todos firmaron sin pensarlo dos veces, excepto Robert y su problema no era con el aspecto cristiano de los valores fundamentales. Sólo dijo que no podía—conscientemente—firmar la hoja con las declaraciones escritas de esa forma."

"Por favor, ve si Robert está dispuesto a reunirse conmigo. Realmente necesito saber el motivo de su resistencia y asegurarme de que no lo hemos ofendido de ninguna manera."

Poco tiempo después, Robert fue a visitar a Peter en su oficina. "Robert, espero realmente que no lo hemos ofendido de ninguna manera y espero que usted entienda que la firma es completamente voluntaria. ¿Te importaría compartir conmigo tu opinión?"

"Sr. Freissle, agradezco todos los cambios que están pasando aquí y realmente agradezco la declaración de la misión y los valores fundamentales, pero no pude firmar esa hoja con esas declaraciones sobre 'calidad inflexible', 'honestidad' e 'integridad'".

"¿Qué quieres decir? Fabricamos uno de los mejores productos de la industria."

Yo lo sé, Sr. Freissle, pero sinceramente, con las herramientas que tengo para trabajar, no puedo honestamente decir que estamos logrando «estándares de calidad sin concesiones. Mis herramientas están gastadas."

Peter fue tumbado de su trono. Robert no resistió a firmar porque estuvo en desacuerdo con las declaraciones. Él resistió porque no creía que Polydeck vivía la altura de las declaraciones. Inmediatamente, William fue llamado a la oficina y Peter le preguntó, "¿Es cierto? ¿Es posible que tengamos a este hombre trabajando con herramientas que están tan gastadas que limitan la calidad de su trabajo?" William respondió: *Desafortunadamente, sí, no está en el presupuesto reemplazar las herramientas, y el trabajo sigue siendo hecho con las mismas, por el momento.*

"William, ciertamente aprecio las cuestiones del presupuesto, pero en conciencia, no puedo pedir a uno de nuestro personal trabajar en circunstancias que entran en conflicto con nuestra propia misión. Te doy mi palabra de que a finales de esta semana solucionaremos el problema de las herramientas. Se reemplazarán."

Las herramientas fueron reemplazadas rápidamente. Peter encontró que la declaración de la misión y valores llegan más allá de los clientes de Polydeck. Llegan a su propio patio. La declaración de la misión y valores centrales deben impactar a cada participante de Polydeck, empleado, proveedor, cliente y la comunidad circundante. Si cualquier participante se le da la oportunidad de cuestionar la validez de la declaración de la misión o los valores fundamentales, diluye su valor en todas las áreas. El comienzo de la Declaración de los Valores Fundamentales es claro y amplio en todo significado: somos una empresa...

¡Oh! Por cierto, Robert firmo la hoja de la declaración.

_____

La reunión del equipo de operaciones iba bien, cuando la discusión se centró en cómo planear implementar la declaración de la misión y los valores fundamentales en una forma práctica. Peter opinaba fuertemente que Polydeck necesitaría asegurarse de que estrictamente se apegaran a ambos, y que estaba dispuesto a afrontar el costo y la responsabilidad de ambos.

Mike finalmente agregó, "Peter, estoy totalmente de acuerdo con todo en la tarjeta de presentación, y estoy de acuerdo con que ésa es la manera de hacer negocios. Pero, si vamos a usar esta tarjeta y si vamos a decirles a nuestros empleados que es quiénes somos y lo que representamos, tenemos que hacernos una pregunta muy grande, ¿somos capaces de respaldarla, y somos capaces de hacerlo ahora?"

Peter respondió: "¿Qué quieres decir? ¿Por qué no nos seríamos capaces de respaldarla? Nosotros podemos hacer lo que queremos."

"Peter, estoy sentado en mi escritorio con miles de dólares en reclamaciones de garantía. El procedimiento estándar para nosotros y para todos los demás en la industria, que yo sepa, es pagar lo menos por estas reclamaciones de garantía como sea posible. Tengo que ser honesto contigo ahora mismo. Cuando miro estas reclamaciones, sé que hay una diferencia entre lo que estamos dispuestos a pagar y 'lo que es correcto pagar'. Si empezamos a pagar estas garantías de la manera en que sugieres, habrá consecuencias tremendas como resultado final."

Mike tenía razón; el impacto sería enorme. Mientras Polydeck construía un producto fino y se le ponía estricta atención al control de calidad, siempre existe un margen en la fabricación de algo. Algunos de los reclamos de garantía eran simplemente un resultado de operar dentro de ese margen.

"Mike, eso es un buen punto, aunque doloroso. Todavía tenemos que examinar todas las reclamaciones de garantía. No estoy abogando por pagar todas las reclamaciones, sin lugar a dudas, pero creo que si vamos a operar con integridad, necesitamos llevar a cabo la investigación correspondiente. Cuando haya una duda, tenemos que dar al cliente el beneficio de la duda. En adelante, debemos pagar la parte de la reclamación cuando esté claro que Polydeck tiene la culpa. Además, cualquier reclamación, aunque la culpa no sea clara o cuando reconocemos que Polydeck tuvo una parte en la falla, tenemos que pagar de inmediato el reclamo. Es lo correcto".

Bueno, el equipo de operaciones estaba en lo correcto. Hubo un tremendo impacto en el resultado final. El proceso de garantía se convirtió en algo mucho más fácil, porque no estaban trabajando tan duro tratando de evitar el pago de reclamaciones. El proceso fue complicado aún más, porque no tardó mucho antes de que los clientes plantearan sus expectativas. Polydeck estaba haciendo "lo correcto", pero "lo correcto" les estaba costando caro. Algo tenía que cambiar. Simplemente no podían seguir pagando las reclamaciones de garantía a ese ritmo.

La respuesta fue clara: las reclamaciones de garantía eran legítimas, por lo que la única forma de reducir los costos de garantía era mejorar la calidad del producto. Se realizó un análisis de todas las facetas de las operaciones, desde herramientas para procesos de aplicación del producto, y se restableció el estándar para cada paso. Las nuevas normas fueron tan estrictas que en algunos casos requerían nuevas herramientas y equipos, incluso capacitación para el equipo de ventas para la aplicación del producto y el rendimiento.

El costo inicial de la decisión de garantía fue difícil de manejar. Y los costos siguieron creciendo reemplazando al equipo y la capacitación del personal, pero la decisión tuvo un resultado excelente. En primer lugar, todos los asociados con el proceso sabían que estaban fabricando y vendiendo un producto de la más alta calidad, uno de los mejores productos en la industria. En segundo lugar, finalmente, las reclamaciones de garantía disminuyeron hasta el punto de ser insignificantes. En tercer lugar, la mejora de calidad y el extra-conocedor equipo de ventas resultó en ventas notablemente mayores. Clientes en todo el mundo saben que cuando compran el producto de Polydeck, estaban comprando un producto que ha sido fabricado según normas estrictas y que la instalación y la aplicación iban a ser precisas. Además, estos clientes saben que cuando se trata de Polydeck tienen una relación que es "rendimiento garantizado".

Reflexión

No le tomó mucho tiempo a Robert hacer la conexión entre la "honestidad", "integridad" y "normas estrictas de calidad". Robert había trabajado en Polydeck durante un tiempo, y era fácil para él y otros medir la calidad de su trabajo. Cuando la norma cambió de "hacer el trabajo" a ser realmente una norma de "estándares de calidad muy exigentes," las cosas se complicaron para Robert.

No le costó tiempo a Mike imaginar el enorme costo asociado con hacer una promesa que todavía no estaban equipados para cumplir.

La palabra de Dios aplica la misma norma básica para el trabajo de todos los creyentes. Colosenses 3:23–24 dice, "Hagan lo que hagan, trabajen de buena gana, como para el Señor y no para nadie en este mundo, consientes que el Señor los recompensará con la herencia. Ustedes sirven a Cristo el Señor."

La mayoría de nosotros tenemos claro en cuanto a quien es que informamos sobre nuestro trabajo. Algunos de nosotros rendimos cuentas directamente a una junta directiva. Algunos empleados reportan a un equipo ejecutivo, algunos a un gerente y otros a un líder de grupo. Independientemente de nuestra puesto en el lugar de trabajo, la Biblia es clara que en última instancia, rendimos cuentas a Jesucristo. ¿No sería interesante si Jesucristo estuviera en nuestra próxima reunión de «equipo», independientemente del nivel? ¿Cómo podrían cambiar las cosas?

¿Cómo podría cambiar la interacción, así como los objetivos de la reunión?

Si vamos a estar "trabajando para el Señor" en primer lugar, debemos determinar si hay valor en nuestro trabajo. Seguramente, hay valor en simplemente ofrecer empleos e ingresos para nuestros empleados, suponiendo que nuestro negocio o industria no participa en prácticas que podrían considerarse contrarias a la voluntad de Cristo.

Valor redentor no debe interpretarse por ser espiritualmente dirigido significando que el negocio debe ser relacionado con el ministerio. Podría ser tan simple como proporcionar materiales de construcción para viviendas o proporcionar productos químicos que podrían mejorar la producción en las granjas, aumentando así los suministros de rendimiento. Podría ser tan simple como proporcionar un panel de filtro para las minas, lo que les permite asegurar la calidad de sus materiales producidos y reducir el costo de producción de sal, de carbón, etc.

En un punto Polydeck tuvo que tomar algunas decisiones fundamentales sobre el crecimiento. Como un negocio familiar, ¿realmente querían o necesitaban crecer más? Tenían todo lo que necesitaban, con el crecimiento viene más trabajo adicional y presiones adicionales. La respuesta provino de uno de los empleados. Cuando se le preguntó qué pensaba de la "nueva" Polydeck él comentó, "a través de los años Polydeck ha crecido a una velocidad tremenda y lo que realmente me gusta de crecimiento aquí es que mientras crecemos más apoyamos a la comunidad. Somos capaces de impactar positivamente a las personas y darles una perspectiva de Dios"

Una vez que determinemos el valor redentor de nuestra búsqueda, entonces debemos examinar nuestra propia posición personal y nuestro producto. Si nuestro trabajo es verdaderamente "para el Señor", entonces debemos examinar tanto la calidad de nuestro trabajo como la condición de nuestro corazón.

Como los inversionistas toman su paga de nuestros negocios y finanzas personales, esto a menudo afecta nuestra actitud hacia nuestro lugar de trabajo y nuestros compañeros de trabajo. Si realmente creemos que "Dios está en control", entonces el hecho de que estemos en ese trabajo significa que para esa temporada, estaremos donde Dios quiere que estemos. Y, si estamos donde Dios quiere que estemos, sin importar lo difícil o incómodo que podría ser el momento entonces debemos asegurarnos de que nuestro "producto de trabajo" es de la más alta calidad.

Tu "trabajo" podría ser cavar zanjas. Si es así, entonces debes asegurarte de cavar esas zanjas lo mejor que puedas, porque estás cavando zanjas para el Señor. Tu "trabajo" podría ser vender coches. Entonces debes vender coches de la mejor manera posible y con la máxima integridad porque estás vendiendo coches para el Señor. Tu "trabajo" podría ser dirigir una empresa con 20 mil empleados. Entonces, asegúrate de que operas esa empresa con la más alta integridad, tratar a tus empleados y tus clientes como "hermanos" haciendo todas tus decisiones tomando como tu principal entrenador y consejero a Jesucristo. Después de todo, "es a Cristo a quien estás sirviendo."

— Capítulo 10 —

La Gran Recesión Económica

———————

La declaración de la misión y los valores fundamentales estaban en su lugar, y las cosas habían cambiado dramáticamente en Polydeck. De una empresa donde los empleados no podían esperar por salir del edificio, a una empresa donde las condiciones de trabajo habían superado los sueños de cada empleados. Los valores se vivían en toda la compañía. El equipo de liderazgo estaba bendecido por las nuevas normas. Tenían la comodidad y la satisfacción de saber que estaban haciendo su trabajo "para el Señor", y que podían estar orgullosos de todo lo que hacían Polydeck. Los empleados en la planta de fabricación habían llegado a reconocer su "nuevo Polydeck" como una familia que se cuidaba y se estimaba entre ellos.

No había pruebas que los clientes habían hecho negocios basados en la tarjeta de presentación. Por el contrario, cuando los clientes se dieron cuenta de que estaban haciendo negocios con una empresa con integridad, la reputación de Polydeck fue aumentando. Las ventas eran buenas y el ambiente de trabajo era estupendo. ¿Cuál era la posibilidad de que algo saliera mal?

Han sido más de dos años desde la creación de los valores fundamentales y la adopción de la tarjeta de presentación, pero sin advertencia, inexplicablemente, los negocios bajaron más de veinticinco por ciento. No sólo en Polydeck, sino en toda la industria.

Este significativo decline de ingresos provoca todo tipo de preguntas. ¿Cómo ocurrió esto? ¿Por qué sucedió esto? El cómo y por qué son importantes, pero lo más importante ahora es; "¿Cómo responder y adaptarse a la tremenda caída de nuestros ingresos?" No había manera que Polydeck sobreviviera a un decline de ingresos como éste sin recortar gastos. Básicamente, esto significaba despedir gente.

Durante más de dos años Peter y el equipo de liderazgo de Polydeck habían estado trabajando para convencer a toda la compañía que Polydeck iba a operar como una "familia". El equipo de liderazgo trataba a todos los empleados en todos los niveles de la operación como "prójimos", y Peter y su equipo tenían que encontrar la mejor solución posible, mientras seguían honrando a su "familia" y prójimos.

En febrero de 2009, Polydeck celebró su reunión mensual de "cumpleaños y aniversarios". En esta reunión todos los cumpleaños y aniversarios son reconocidos, así como se entregan premios y recompensas.

Inmediatamente después de todos los anuncios

de apertura, Peter entró al frente del salón. Lo primero que hizo fue invitar a los que les gustaría orar con él a "inclinar sus cabezas en forma de reverencia". "Querido Padre celestial, humildemente venimos ante ti para darte las gracias por las muchas bendiciones que has otorgado a nuestra empresa. Hemos disfrutado del crecimiento y del éxito, pero ahora nos enfrentamos a una grave recesión. Ayúdanos a recordar los eventos descritos plasmados en las ventanas de nuestra capilla, cuando tus discípulos estaban atrapados en medio de una tormenta en su pequeño bote, y cuando Jesús parecía estar dormido y no prestaba atención, fue capaz de calmar la tormenta con facilidad. Ayúdanos a recordar tus palabras, "¿Por qué están asustados? ¿No tienen fe?" Es con fe en TI que venimos a pedirte que nos guíes a través de esta tormenta. Amén."

La próxima cosa que Peter hizo fue presentar un póster con un gráfico de los ingresos de los últimos años, y lo comparó con la caída de veinticinco por ciento que había persistido durante los últimos tres meses. La caída en los ingresos fue dramática. Peter explicó que había sólo un par de opciones para reducir los costos lo suficiente para proteger a la empresa. Muchos de los competidores de Polydeck habían despedido empleados, con reducciones adicionales en proceso y, para que Polydeck hiciera lo que era necesario sería necesario despedir a uno de cada cinco empleados.

El equipo de liderazgo de Polydeck no creyó que eso era lo correcto, y creían que como familia, encontrarían una mejor solución. Además, acordaron que debían hacer cambios de forma gradual, determinando el impacto económico. En el primer paso, sería necesario cortes de horario y recortes de nómina. Estos recortes se extenderían a todos los empleados en todos los niveles, por horario y asalariados. Compartirían juntos el dolor.

Él lo había dicho. Habría reducciones salariales, así como reducciones de horario. Esta era la mejor forma de cuidar de su "familia". Peter contuvo su aliento esperando la respuesta. Finalmente sucedió. Comenzó con unos pocos dispersos alrededor de la habitación. Comenzaron a aplaudir. En un instante, todo el mundo estaba aplaudiendo. Después, muchos comenzaron a ponerse de pie y aplaudir en agradecimiento por las decisiones de sus dirigentes.

La confianza es un poderoso agente de unión y estaba claro que la "familia" sabía que el equipo directivo tomaría decisiones que estaban en el mejor interés entre ellos y la empresa, así como en el mejor interés de los miembros de la "familia". Abrumado, Peter se puso de pie con la ovación, todavía tenían que llevar a cabo la reunión de cumpleaños y los

aniversarios. Fueron reconocidos diferentes empleados, y todos aplaudían en felicitaciones.

Los premios se repartieron durante la parte final
de la reunión. Con el tiempo, se establecieron diferentes premios como una muestra de agradecimiento de parte de la compañía. El reconocimiento era
tan importante como el premio, pero siempre se
agradece un premio en efectivo. Ese mes había un
premio de producción por alcanzar ciertas metas de
producción y el premio fue entregado a un caballero llamado William. Rodeado de aplausos, William hizo paso hasta el frente de la sala y fue presentado con un cheque como premio de cincuenta
dólares. Los cincuenta dólares pagarían por una
cena agradable entre William y su esposa.

William recibió su cheque, y sin dudarlo, miró a
Peter y le devolvió el cheque. "Ahora no es un buen
momento para esto. Vamos a olvidar esto por ahora.
Tal vez yo puedo recogerlo después, cuando las cosas
sean mejores."

A veces, las familias son un poco extrañas. A
veces es el tío o el primo que apenas si dice algo,
pero cuando finalmente habla, es profundo. Las acciones de William hablaron cantidades a Peter. El
amor y la confianza que Peter había trabajado tan
duro para inculcar acababa de ser devuelta, pero las
acciones de William habían hablado igualmente

fuerte a los otros empleados de Polydeck.

Inmediatamente después de la reunión, Peter entró en el baño para lavar su cara y recobrar la cordura. La siguiente sorpresa vino cuando él salió del baño. Las luces del pasillo estaban apagadas. Seguramente que no tenían problemas eléctricos encima de todo lo demás. No, no había problemas eléctricos. Los empleados mismos habían tomado cartas en el asunto para encontrar formas posibles de recortar gastos, y habían comenzado por apagar las luces innecesarias.

Reflexión

En efecto, es indudable que el liderazgo de Polydeck tomó las decisiones correctas en el ajuste de horas y pagos. En torno de dos trimestres el ambiente ha cambiado dentro de la industria y las ventas, así como los ingresos, estaban en camino hacia la recuperación. Los salarios y las horas de los empleados se ajustaron a los niveles anteriores. Desde ese momento las ventas han seguido creciendo y este crecimiento se ha reflejado en los salarios de los empleados y los beneficios.

Vamos a ser realistas. No había ninguna garantía de que la recuperación se produjera dentro de un par de trimestres. No hubo ninguna garantía de una reducción de empleados, tal vez sería necesario eventualmente, pero la historia no está en la decisión concreta de reducir horas y pagos. La historia está basada en la confianza expresada por los empleados.

La confianza no es el resultado de mantener el puesto de CEO. La confianza no es un subproducto de ser el propietario o el jefe. La confianza se gana con el tiempo. La confianza es una comodidad que separa a las empresas para las que queremos trabajar, de las compañías que simplemente tenemos que trabajar. La confianza es algo que existe en "familias", no con puros "empleados".

En Hechos 5:1-11 se encuentra la historia de Ananías y su esposa Safira. El capítulo 4 dice que los miembros de la Iglesia primitiva voluntariamente compartían sus posesiones en un esfuerzo por cuidar de aquellos en necesidad. Ananías y Safira vendieron un pedazo de propiedad para el mismo propósito, aún cuando ellos fueron interrogados sobre el precio de venta dijeron un precio más bajo del que lo vendieron (mintieron). La escritura explica que en mentir, mintieron no sólo al hombre, sino que habían mentido a Dios. El castigo por su mentira era absoluto. Ambos cayeron muertos al instante.

Ahora vamos a ser perfectamente claros. Polydeck, o su negocio, no es Iglesia. No obstante, no hay ninguna razón para que sus negocios no se deben ejecutar con los mismos principios como una Iglesia. Las palabras de Ananías y Safira no se podían confiar, y el resultado fue su muerte.

Todos entendemos que debe haber un cierto grado de confidencialidad cuando se ejecuta cualquier negocio. Un entorno competitivo impide la divulgación completa. Es práctica de negocios y de sentido común que nuestras finanzas y prácticas de negocios no se comparten abiertamente con todos.

Esto se menciona en las Escrituras. Mientras la venta no se había realizado, la propiedad en cuestión había estado bajo el control de Ananías y Safira. Después de que fue vendida estaba en ellos la forma de cómo utilizar los fondos. No se les exigía donar todo el dinero de la venta a la Iglesia. Su pecado fue mentir y reducir el precio de la venta. Su pecado fue en saber una cosa y decir lo contrario. Su pecado fue en no ser individuos con integridad.

La Escritura hace una distinción profunda al cometer este pecado. "¿Por qué es que han concebido esta trama en tu corazón?" Las palabras de Ananías y Safira eran un reflejo de lo que estaba en sus corazones. Aquí es donde comienza la integridad, y es donde debe residir. Cuando tus empleados conocen tu corazón y confían en él, aplaudirán tus decisiones.

PARTE 2
– CAPÍTULO 11 –

CUIDADO EN EL LUGAR DE TRABAJO

Mientras Peter ganaba nueva perspectiva en el concepto de cuidar a sus empleados como "prójimos", sabía que él debía hacer cambios adicionales en las condiciones de trabajo en Polydeck. La empresa ofrece un programa de Asistencia al Empleado (AAE) y hace un trabajo adecuado para algunos recursos basado telefónicamente, pero Peter quería ofrecer algo más tangible. Peter quería ofrecer algo que podría ayudar a cumplir con lo espiritual y las necesidades de los empleados, sin ofenderlos, o que se malinterpretara como forzando sus creencias sobre sus trabajadores.

Después de reunirse con uno amigo y compartir sus pensamientos, Peter llegó a la solución perfecta: Corporación de Capellanes de América. Corporación de Capellanes de América (CCA) es un Ministerio sin denominación que brinda cuidado a los empleados en las cuestiones de vida personal y profesional. Aunque Peter no estaba íntimamente familiarizado con CCA, al leer su declaración de misión lo convenció de que era exactamente lo que necesitaba.

"Nuestra misión es edificar relaciones de cuidado con la esperanza de obtener permiso para compartir el cambio de vida que traen las Buenas Nuevas de Jesucristo de una manera respetuosa."

Peter había experimentado un reavivamiento, un

cambio de vida en el "retiro silencioso" pero con el fin de seguir creciendo y mantenerse en el "camino correcto", Peter estaba recibiendo orientación espiritual regular de su pastor. Peter se dio cuenta de la importancia de este apoyo espiritual y quería desesperadamente cubrir todas las necesidades de sus empleados, pero como empresario estaba íntimamente consciente de los riesgos involucrados en llevar un ministerio de capellanes. Una breve conversación con CCA lo convenció de que este ministerio estaba plenamente consciente de los límites y que los capellanes de CCA están altamente entrenados y diligentes a respetar estos límites con personas de todas las religiones.

Todos los capellanes de CCA tienen experiencia en el trabajo, así como preparación de un seminario o universidad bíblica que asegura que el capellán puede relacionarse a las experiencias que viven los empleados. Además, al unirse a CCA, cada capellán pasa a través de un programa de capacitación extensiva que garantiza su competencia en áreas tales como consejería, visitas de hospital, tratar con problemas de abuso de sustancias y tratar cuestiones matrimoniales.

La Corporación de Capellanes de América fue una adición enorme a la cultura de Polydeck. Cuando se introdujo al capellán quedó bien claro que cualquier interacción entre los empleados y el capellán era estrictamente a discreción del empleado. Además, cualquier conversación entre el capellán y los empleados era confidencial. El capellán se presta como un ministro a los empleados y la confidencialidad es esencial.

El capellán de CCA visita la fabrica semanalmente y tiene acceso total a todos en la empresa. Atención estricta es dada a no interferir con el flujo de trabajo, pero el capellán se asegura de que todo el mundo sepa cuándo andará cerca. Con el tiempo, el capellán desarrolla una relación de confianza con los empleados y es esta relación de confianza que permite a los empleados a compartir sus necesidades personales con el capellán.

Desde la adición a Polydeck, el capellán de CCA ha asesorado decenas de familias. Ha hecho un papel importante en ayudar a las personas a lidiar con los problemas de abuso de sustancias y ha visitado muchos empleados y familiares de empleados cuando tuvieron que ser hospitalizados.

Todas estas oportunidades de ministerio han sido importantes, pero lo más importante, desde que CCA comenzó ministrando en Polydeck, hasta esta escritura, han sido sesenta y tres profesiones de fe en Cristo Jesús. Y, el capellán no termina allí. Cuando un empleado acepta a Jesucristo como su salvador, con el permiso del empleado, el capellán de CCA guía a ese empleado a través de un programa de discipulado que los familiariza con el Antiguo y Nuevo Testamento, lo motiva en los "fundamentos de la fe" y ayuda a que el nuevo creyente encuentre una iglesia donde sea espiritualmente alimentado cómodamente.

Aunque el capellán de Polydeck trabaja para la Corporación de Capellanes de América, se ha convertido en parte integral de la familia de Polydeck. El capellán no sólo hace su visita semanal a la fabrica o visitas al hospital y sesiones de asesoramiento, sino que también lo puede encontrar en las parrilladas y en los juegos deportivos. Peter encontró que este "primer paso" para brindar cuidado a sus empleados se había convertido en una valiosa adición a la familia, el hecho de proporcionar a un capellán se había convertido en una carta valiosa para los nuevos empleados.

"El sistema de capellanes corporativos es algo grandioso. Nunca había escuchado de ellos antes de llegar a Polydeck, y nos pusimos en contacto desde que empecé a trabajar aquí. Jeff es increíble como nuestro capellán corporativo. Lo que me asombró fue que dentro de un par de semanas de su llegada aquí él podía llamar a todos por su nombre en toda la fábrica. Se convirtió en parte de nuestra familia.

En un punto personal, mi hermana estaba enferma y en una máquinas de soporte de vida, e íbamos a desconectar la máquina. Mi pastor estaba realmente fuera de la ciudad en ese momento, fuera del estado. Jim llamó a Jeff (el capellán), y él estaba en el hospital antes de que yo llegara. Estuvo con nosotros, y él oró con nosotros, mi familia y yo, mientras mi hermana fallecía. Así que, estoy realmente agradecido por la Corporación de Capellanes de América."

– Phil, un empleado de Polydeck.

— Capítulo 12 —

El Comité de Cuidado

Con el enorme cambio en las actitudes y el estilo de gestión de Polydeck, además de la integración de la Corporación de Capellanes de América, el cambio cultural en Polydeck es palpable. Todos en Polydeck pueden ver y sentir los efectos de este "despertar espiritual" y los conceptos de "familia" y "prójimos" que se está convirtiendo rápidamente en la norma cotidiana. La actitud de los líderes ha cambiado significativamente y la producción ha aumentado ahora que las personas están trabajando donde el "Hijo" brilla, en lugar de trabajar bajo una nube de intimidación y de estrés.

Todo estaba funcionando correctamente. En cuestión de meses Polydeck se transformó en un lugar donde las personas deseaban trabajar, pero algo todavía faltaba. La relación de Peter con Cristo y con su equipo de liderazgo iba creciendo. El equipo de liderazgo se fue desarrollando espiritualmente disfrutando de los beneficios de crecer juntos. Sin embargo, mientras el personal de fabricación disfrutaba de los beneficios de un gran lugar de trabajo y del gran ministerio de la Corporación de Capellanes de América, ellos no tenían su propio vehículo para "vivir su fe" y desarrollar sus relaciones de trabajo como "prójimos".

Esta necesidad de implicar a todos en el

"vecindario" resultó en la formación de un Comité de Cuidado. Inicialmente se estableció un Comité de Cuidado como una forma de alcanzar a la comunidad permitiendo a los empleados de Polydeck ayudar a los necesitados en reparaciones del hogar a familias ajenas, pero finalmente uno de los empleados de Polydeck señaló que los valores fundamentales afirman que los mayores recursos eran para los propios trabajadores de Polydeck. ¿Por qué no establecer comité para que puedan aportar tanto "dentro" así como "fuera" de los empleados de Polydeck?

Así como los empleados de Polydeck se involucraban más en la «comunidad», la idea siguió creciendo. Hasta el momento de escribir este artículo, el Comité de Cuidado supervisa ocho diferentes fondos. Los directivos determinan el presupuesto total anual del Comité de Cuidado, actualmente un porcentaje de los ingresos total y del Comité de Cuidado determina cuánto es asignado a cada fondo.

Fondo de Beneficencia

Mientras que el resto de los fondos son financiados totalmente por el presupuesto del Comité de Cuidado, el fondo de beneficencia es un poco diferente. Cuando llega una petición al Comité esta solicitud es minuciosamente revisada por el Comité y luego sometida a votación. Una vez que se determina que la solicitud es una causa noble, cada miembro del Comité solicita donaciones de sus departamentos individuales. Los empleados de cada departamento tienen la oportunidad de donar para cada necesidad individual. El Comité de Cuidado entonces iguala la cantidad de estos fondos en una proporción de cuatro dólares por cada dólar donado.

Recientemente, el fondo se amplió para incluir eventos de recaudación de fondos que los compañeros de trabajo organizan para un empleado en necesidad. Un ejemplo reciente fue cuando se organizó un evento para financiar los gastos médicos de una rara enfermedad de la hija de un empleado que causó estrés significativa sobre el empleado debido a gastos extraordinarios "de su bolsillo".

Mientras este proceso a menudo es humillante para la persona en necesidad, cada empleado de Polydeck proporciona la oportunidad de tener un impacto tangible en sus "prójimos". *La empresa me apoyó en un momento de dificultad para ayudarme con mi hija que tiene osteoscarcoma, que es el cáncer de huesos. El Comité de Cuidado repartió un sobre a todos los empleados de la fabrica y todo el mundo cooperó, y donaron casi 2 mil dólares."*

– Jerry, un empleado de Polydeck.

Fondo de Caridad Para la Comunidad

Recordarán en un capítulo anterior la historia de Peter cuando lo llamaron fuera de una reunión, sólo para ser informados por el departamento del alguacil local, que estaba siendo demandado. Fue en esta reunión que Peter estaba escuchando a un representante de la Cruzada Estudiantil compartir su testimonio de cómo llegó a conocer a Cristo en la universidad y él estaba explicando el tremendo impacto que la Cruzada Estudiantil tuvo en su vida y en la vida de miles de otros estudiantes de todo el mundo. Este humilde representante convencía que cualquier donación en absoluto rendiría grandes resultados para "el Reino".

El fondo de caridad para la comunidad se estableció en el 2007 como una manera de vivir el mandato de "Responsabilidad Social" de los "Valores Fundamentales". El Comité de Cuidado tiene una lista de más de cincuenta agencias sin fines de lucro locales. Esta lista es compilada pidiendo a cada empleado que presente a tres agencias sin fines de lucro de su elección en un formulario de encuesta anual. Estas organizaciones van desde el refugio para los desamparados, el hospital Shiners', la investigación para el cáncer y la estación de radio local cristiana. En forma circulante, cada mes, un ministerio de esta lista se reúne con el Comité de Cuidado. En ese momento, el ministerio tiene la oportunidad de presentar su programa y explicar al Comité cómo utilizarían cualquier asistencia financiera donada. Luego el Comité ora diligentemente para hacer una determinación sobre el nivel de asistencia provista.

"Hemos tenido varias caridades, y todos han sido tan maravillosas. Este programa ha influido en mi corazón completamente. Me ha hecho una mejor persona."

– Un empleado de Polydeck

"He trabajado con algunos proyectos presentados por el Comité de Cuidado como United Way y Christmas in Action (Navidad en Acción) y realmente ha traído mucho orgullo a mi propia vida y satisfacción sabiendo que estoy ayudando a aquellos que están en necesidad y a los menos afortunados. También ha atraído a empleados más cerca, trabajando juntos fuera de la empresa."

– Daniel, empleado de Polydeck.

Fondo de Reparación Para el Hogar de los Empleados

Éste es un verdadero programa de alcance que ayuda a los empleados de Polydeck con hogares que poseen o que alquilan. Es uno de los programas que trae una satisfacción personal a los empleados involucrados. Hay un límite financiero en la participación de Polydeck. Sin embargo, el empleado podrá pagar las reparaciones que superen este límite. Los compañeros de Polydeck voluntariamente donan de su tiempo y la empresa proporciona los materiales. Especial atención es dada a la seguridad, la salud y las cuestiones de seguridad como detectores de humo, agua caliente, plomería, calefacción, aire acondicionado y electricidad. Si algunas de las reparaciones solicitadas requieren asesoramiento no disponible por los voluntarios pueden contratar una compañía externa para ayudar.

Fondo de Préstamos de Emergencia Para el Empleado

Todas las solicitudes de préstamos de emergencia son confidenciales. Hay un límite financiero en la cantidad del préstamo y los préstamos son reembolsados a través de deducción de nómina. Los empleados pueden calificar para un préstamo cada dos años, pero el préstamo anterior deberá pagarse en completo antes de solicitar un nuevo préstamo.

En el préstamo de emergencias del empleado, puede ser utilizado para complementar el fondo de reparación de la casa del empleado. Atención especial es dada a las necesidades de seguridad y salud, reparaciones del hogar, transporte y utilidades.

Fondo de Alcance

El fondo de alcance es proporcionar fondos relacionados con misiones y proyectos como conferencias para matrimonios. Estos proyectos relacionados con la misión pueden ser tan simples como participar en la caminata local de "March of Dimes", o tan grande como ayudar a financiar a un empleado de Polydeck en un viaje misionero con su iglesia.

Con las relaciones personales y confidenciales que el capellán corporativo ha desarrollado con el tiempo, varios empleados están dispuestos a discutir las dificultades que están viviendo en sus matrimonios. Y con la orientación y el apoyo del capellán, una pareja se ha animado a asistir a un retiro de matrimonio adecuado para su situación individual. Esto es donde el "fondo de alcance" entra en juego para proporcionar los fondos para enviar a la pareja en un fin de semana para recordar "con todos los gastos pagados". Con la aprobación del Comité, de manera muy limitada, es posible que un empleado de Polydeck trabaje en un proyecto local mientras la compañía le paga. En este caso, el tiempo del empleado se le cobra al presupuesto del Comité de Cuidado.

Fondo de Reparación Para los Vehículos de los Empleados

El fondo de reparación de emergencia para vehículos resultó ser un salvavidas para muchos de los empleados de Polydeck. El desafío con los vehículos es que nunca estamos preparados para cuando los problemas llegan. El fondo de reparación de emergencia de vehículos es estrictamente para reparaciones de emergencia. No puede utilizarse para mantenimiento, y debe ser para vehículos utilizados por los empleados o su cónyuge. Hay un límite en la cantidad de fondos, así como un tope anual por empleado. Cada solicitud de reparación es revisada por el Comité para su aprobación.

Fondo de Emergencia Médica

Polydeck ofrece un excelente programa de seguro. A veces los empleados tienen dificultades para cumplir con el deducible. En este caso, el fondo de emergencia médica cubre esa deficiencia. Como con los demás fondos, hay un límite anual de este fondo, sin embargo en este caso, la necesidad también está limitada por la cobertura del seguro.

Fondo General

Cada año se apartan unos ingresos para financiar proyectos que son utilizados para mejorar el lugar de trabajo, o en beneficio del bienestar general de los empleados. Por ejemplo, el Fondo General ha ayudado a financiar botas de trabajo y guantes, dando tarjetas de Wal-Mart para comprar gasolina, tarjetas de despensa para los supermercados y ha financiado un picnic familiar y un día de diversión en un parque de atracciones para todos los empleados y sus familiares.

Guías del Comité de Cuidado

Cada departamento está representado en el Comité de Cuidado, y los miembros sirven por un período al año. Las únicas posiciones que no cambian son dos representantes de la alta gerencia y el facilitador de recursos humanos. Hay algunas cuestiones que se consideran fuera de los límites para el Comité de Cuidado. Absolutamente no se discuten temas relacionados con los pagos de nómina, niveles salariales, beneficios para empleados o se crítica a un empleado en particular. El propósito del Comité de Cuidado es crear y administrar programas para el bienestar de los empleados y sus familias, el entorno de trabajo y la comunidad. *"Creo que este Comité de Cuidado ha unido a toda la empresa. Ahora somos como una familia entera. No importa si somos blancos, negros, asiáticos, hispanos. No importa. Somos una familia y cada vez que alguien necesite algo, vamos a estar para ellos. Vamos a hacer todo lo posible para ellos"*

– Pam, empleada de Polydeck.

– Capítulo 13 –

Te Cache
Ayudando

Uno de los programas más exitosos y más preciados en Polydeck es; "Te Cache Ayudando." Mientras el Comité trabajaba definiendo una forma de cómo Polydeck podía honrar los valores detallados en la parte posterior de la tarjeta de presentación, se les ocurrió que debería prestarse especial atención a ejemplos concretos de la práctica a los valores fundamentales. A menudo las empresas tienen valores fundamentales pero rara vez se convirtieran en acciones reales de la vida. Sin embargo el Comité de Cuidado quería dar vida a los valores básicos y celebrar y recompensar a las acciones positivas que apoyan nuestros valores cristianos. Así es como dio nacimiento al programa "Te Cache Ayudando."

Los empleados podían nominar a compañeros de trabajo cuando presenciaran actos de honestidad, integridad, actitud positiva, bondad, compasión o respeto. Los individuos nominados recibirían reconocimiento especial en la reunión mensual de cumpleaños y aniversario. El equipo directivo y el Comité de Cuidado estaban entusiasmados con esta oportunidad para premiar a sus "prójimos". Fueron ordenadas camisetas especiales con un gran corazón con "Te Cache Ayudando" en la parte delantera. ¡Esto iba a ser grandioso!

Curiosamente, el concepto tenía dificultades para poder empezar. Los empleados recibieron hojas de nominación y los animaron a nominar a alguien cuando vieran algunos ejemplos específicos de los valores principales que se vivían. Pero esto aún era muy temprano para la "nueva" Polydeck y los empleados estaban escépticos acerca de cuánto tiempo duraría, o cómo se recibirían los premios. La naturaleza humana dicta que parece tan fácil ponerse de pie y hablar de deficiencias y debilidades populares, pero para levantarse y felicitar a alguien, incluso celebrar con alguien simplemente no pasa naturalmente.

Habían pasado varios meses y aún no había nominaciones. Finalmente el Comité reviso la casilla de nominación y hubo un sólo pedazo de papel.

Uno de los conserjes de Polydeck recientemente había tenido una desfortuna en su suerte y estaba teniendo problemas personales, así como financieros. De la nada, uno de los líderes, Big Joe, lo llamó y le dijo que iba a ayudarlo—económicamente. Sin saberlo Big Joe, el conserje llenó el formulario nominando a Joe por: "Te Cache Ayudando."

Ese mes en la reunión ordinaria de cumpleaños

y aniversarios, finalmente el momento había llegado. "Hoy tenemos otro anuncio. Big Joe, por favor pasa hacia adelante. Es un privilegio darte el premio este mes por "Te Cache Ayudando." Big Joe estaba asombrado, sorprendido, pero orgulloso. Él no tenía la intención de que nadie supiera de su bondad. Lo que había hecho era estrictamente entre él y el conserje. Por otro lado, Big Joe fue honrado por ser reconocido y recompensado por su bondad.

Aunque había un pequeño problema; NO TENÍAN UNA CAMISETA LO SUFICI-ENTEMENTE GRANDE PARA SU TAMA-ÑO!!! El Comité consideraba esto como un buen problema. Tardó un poco pero Big Joe obtuvo su camiseta XXXL.

Al mes siguiente la caja de "Te Cache Ayudando" estaba llena de nominaciones donde los empleados se habían cachado mutuamente. Hoy los empleados piensan diferente acerca de este programa, pero sólo después que uno de los empleados más respetados y más influyentes había servido como un ejemplo. Ahora se pueden identificar como empleados de Polydeck en toda la comunidad de Spartanburg cuando visten su camisa especial de "Te Cache Ayudando."Es un privilegio para ellos cuando les preguntan, "¿Cuál es la razón de esa camisa?"

"Mensualmente nos reunimos para dar un pequeño

regalo a los que hemos cachado cuidando de alguien más. No tiene por qué ser mucho. Alguien lleva a alguien a casa como un favor. Alguien ayuda a alguien a cambiar una llanta ponchada. No arranca el coche de alguien y le ayudan o dejan las llaves en su coche y ayudan. Personas que encuentran dinero tirado en el suelo; muchas veces las personas lo meten a su bolsillo, pero el programa Te Cache Ayudando y el Comité de Cuidado ha traído algo donde todos ayudamos a cuidar de nuestros compañeros. Me gusta pensar en nosotros como una gran familia aquí en Polydeck"

— Phil, empleado de Polydeck.

— Capítulo 14 —

Su Manera
en el Trabajo
(His Way At Work)

———————————

En el 2007, mientras Peter volaba cruzando el Océano Pacífico, el gozo de lo que Dios estaba haciendo en su vida contagió a un director ejecutivo sentado junto a él. Peter compartió su tarjeta de presentación y explicó cómo Dios había transformado el por qué y el cómo de su negocio. Testimonio tras testimonio Peter trajo una respuesta coherente al ejecutivo de hotel: "¡No se puede hacer eso y ejecutar un negocio exitoso!" Peter sabía lo diferente, pero la pregunta era... ¿Cómo puedo ayudar a este líder y a otros a romper estas barreras imaginarias?

De la conversación en el vuelo hubo una confirmación en el corazón de Peter, combinado con la sensación que Dios no sólo había dado ese regalo a él y Polydeck. Esto fue un regalo que no debía mantenerse para sí mismos. Peter se agitó por el llamado de Jesús para instruir a los creyentes a ser sal y luz... y no ocultar su luz bajo un tazón, sino ponerlo en lo alto para que ilumine a los demás. Sus oraciones durante los próximos dos meses buscaron orientación sobre cómo compartir el regalo de Dios de amor y cuidado con otros líderes de negocios.

Mientras el año nuevo 2008 sonaba, Peter siguió buscando el llamado de Dios para ayudar a otros en un viaje similar al de él, pero la pregunta seguía siendo... ¿Cómo? Para ayudar a responder a esta pregunta, estableció una reunión de almuerzo con su amigo—Scott Gajewsky. Peter conoció a Scott durante una presentación para reclutar a la Iglesia de Peter a involucrarse en establecer y dar marcha a un ministerio para ayudar a familias sin hogar. En esa noche de octubre del 2004, Scott no sólo obtuvo el apoyo de la iglesia para dar marcha al ministerio sino que comenzó una asociación con Peter. Una asociación basada en una relación compartida con Cristo y una motivación para ayudar a los necesitados del pueblo de Dios. Durante los próximos cuatro años, trabajaron juntos en el ministerio de familias sin hogar y durante conversaciones extras Peter compartió con Scott lo que Dios estaba haciendo en Polydeck. En 2005, durante una conversación similar "en el estacionamiento" Scott recomendó a Peter los servicios de la Corporación de Capellanes de América (CCA).

Escuchar a Peter compartir sus sentimientos y su visión durante el almuerzo aquel día de enero de 2008, Scott se sorprendió cuando se dio cuenta de cómo Dios lo había asombrosamente preparado para "una ocasión como ésta." En los últimos nueve años, Dios había fundido los veintiséis años de las experiencias de liderazgo y de negocios de Scott con su creciente relación personal con Cristo y una pasión para vivir su fe en todos los ámbitos de su vida.

Esta mezcla de su vida de trabajo con el ministerio llegó a ser real para Scott en 1999 durante varios desafíos significativos en su temprano papel de líder como director de una división en una imprenta en San Petersburg, Florida. La muerte accidental de un empleado de la imprenta de Scott lo trajo abruptamente al entendimiento de que él no estaba equipado para enfrentar esta tragedia. Mientras Scott manejaba para conocer a la familia de su compañero en el hospital, clamó, "padre, ayúdame, no sé qué hacer." Dios contestó con un susurro inaudible, "Enfócate en mi pueblo." Una relación personal con Dios surgió en la vida de Scott ese día cuando encontró que la dependencia en sí mismo resultaba inútil. Experimentó la poderosa mano de Dios guiando su camino. Durante la trágica muerte de Buddy, Dios reveló un nuevo campo de misión a Scott—su propio lugar de trabajo, su propia empresa. Dios lo estaba llamando a "centrar la atención en todos los de su pueblo", no sólo en su esposa o sus hijos, sino también en sus empleados y también en sus familias.

Durante la segunda parte del año 1999, las presiones para satisfacer las expectativas de rendimiento de la imprenta se amontonaron. Scott se enfrentó a una nueva experiencia potencial de muerte, la muerte de su trabajo. Sabía que su equipo podía mejorar pero no confiaba en su estilo de liderazgo para ayudar a conseguirlo. En su desesperación, fue tentado a intentar… el estilo de liderazgo de "dictador" dar objetivos y luego gritar, amenazar, despedir y recontratar si los objetivos no se cumplían. No era el estilo que tuvo éxito para él en el pasado, pero el tiempo se estaba acabando. Al borde de una crisis nerviosa y una vez más llegando al final de sí mismo y sus aptitudes, Scott buscó la ayuda de Dios. Dios contestó esta vez a través de un libro. Durante un viaje a Tampa, Florida después de una reunión "áspera" en la oficina corporativa en Chicago, Scott agarró en una librería del aeropuerto una nueva versión del libro titulada *Liderazgo Por el Libro* (Leadership by the Book). Reconoció los autores, Ken Blanchard, Bill Hybels y Phil Hodges, pero no fue sino hasta después de despegar que Scott se dio cuenta de que "el Libro" era la Biblia. Mientras leía, el modelo de Líder a Siervo Jesús tomó vida por primera vez. La religión previamente fragmentada de Scott se transformó en una relación continua con su Señor y Salvador Jesucristo. Guiado por su asesor, Líder y Siervo, Jesús, exitosamente dirigió al rendimiento de la imprenta en su nuevo campo de misión, su lugar de trabajo.

La mente de Scott volvió a la conversación con Peter durante el almuerzo y tenia las preguntas en la mano.

¿Cómo ayudamos a otros líderes de negocios cristianos a amar a Dios y amor al pueblo de Dios en el lugar de trabajo creando un ambiente donde los valores y las virtudes cristianas son verdaderamente vividas?

¿Cómo ayudamos a la gente a tomar lo que aprenden los domingos en la Iglesia (o a través de libros o seminarios) y aplicarlo a la forma que ellos viven de lunes a sábado?

¿Cómo ayudamos a las personas en el lugar de trabajo a mostrar el amor de Cristo y declarar a Jesús como la fuente de ese amor de una manera no amenazante?

¿Cómo ayudamos a líderes a navegar los "temores" asociados al hacer estos cambios enaltecedores de Dios en su lugar de trabajo?

¿Cómo ayudamos a los líderes a desarrollar e implementar un "Plan de Ministerio" o "Plan de Cuidado" para su organización?

¿Cómo utilizamos todas las excelentes herramientas del ministerio en el lugar de trabajo y a hacerlas disponibles y ponerlas en manos de personas que están tratando de cambiar?

¿Cómo ayudamos a derribar barreras de implementación, incluyendo los costos, ofreciendo servicios de entrenamiento sin costo alguno?

En los próximos tres meses, con mucha oración y orientación de los líderes cristianos en el movimiento del ministerio en el lugar de trabajo, fue creado el ministerio sin fines de lucro llamado; "Su Manera en el Trabajo" (His Way At Work) para tratar de resolver todas esas preguntas/oportunidades mencionadas anteriormente. Se lanzó oficialmente el 31 de marzo de 2008 encabezado por Scott sirviendo como director ejecutivo y como entrenador del ministerio en el lugar de trabajo.

La misión de "Su Manera en el Trabajo" es: *Equipar y animar a las empresas a transformar gradualmente a ser organizaciones centradas en Cristo que:*

- Operan basándose en principios de virtud;

- Demuestran auténtico cuidado Cristiano, permitiéndoles a través del Espíritu Santo dirigir a otros a Cristo.

Durante sus primeros tres años, "Su Manera en el Trabajo" ha compartido lo que Dios está haciendo en el lugar de trabajo y cómo uno puede unirse a Su trabajo para crear valor digno para el Reino eterno. Estas presentaciones de "siembra" han transformado a muchas organizaciones de negocios cristianos, a iglesia, pastores, grupos líderes comunitarios, colegios privados, escuelas públicas y universidades en los Estados Unidos y México. Fuera de estas presentaciones, Scott ha "entrenado" a más de 35 diferentes organizaciones que representan a más de 20.000 empleados en cinco países diferentes (para obtener más información sobre His Way At Work "Su manera en el trabajo", por favor visite _www.hiswayatwork.com_ y *The Business Card*, y su manual de acompañamiento).

– CAPÍTULO 15 –

UN FUTURO

Unas palabras de Peter

Lo que he contemplado de las palabras de San Francisco de Asís, "Toda la oscuridad del mundo no puede extinguir la luz de una sola vela." Espero que lo que sigue sea visto como mi humilde esfuerzo por hacer brillar mi vela con la esperanza de que pueda ser útil para alguien, aunque sea pequeña e imperfecta.

Permítame comenzar diciendo que mientras empiezo a escribir este capítulo estoy dolorosamente consciente de mis deficiencias y debilidades personales y me siento indigno. Después de todo, quién soy yo con todos mis defectos y deficiencias para mandar a los demás. Sin embargo, después de mucha oración y asesoramiento de personas cristianas, he llegado a comprender que los eventos y las experiencias de mi vida son un regalo de Dios que ha ayudado a transformar mi forma de pensar y estos dones deben de ser compartidos con otros para alentar y para la gloria de Dios. Así en un espíritu de servicio, en lugar de superioridad, presento lo que Dios ha hecho y lo que me ha revelado, con la esperanza de que pueda ver su mano guiando mi vida y que usted pueda escuchar la misma voz amorosa que susurró mi nombre y dijo "ven y sígueme". Con esto en mente le ofrezco la historia de mi viaje, llena de luchas y retos que cada uno de nosotros enfrentamos.

Le garantizo que usted no está sólo en este viaje.

El reto fue para mí cuando comencé mi "Retiro en Silencio", también conocido como "Ejercicios Espirituales". Este es un programa desarrollado en el siglo XVI por Ignacio de Loyola, un caballero español que fundó la Orden Monástica Jesuita. En la primera hora de mi "retiro en silencio" me enfrenté con algunas preguntas difíciles:

- ¿De verdad crees en Dios?
- ¿Crees en la eternidad?
- Si es así, ¿tienes un plan para tu vida que te llevará a pasar la eternidad con Dios?
- ¿Es Dios el centro de tu vida y le permites influir en todas las decisiones claves que haces?
- ¿Haces tiempo para Dios, dónde buscas escapar del "ruido" de este mundo y en el silencio de tu corazón buscas escuchar la voluntad de Dios y el plan de Él para tu vida?
- ¿Has compartimentado tu vida de tal manera que has excluido a Dios en ciertas habitaciones en tu alma?
- ¿Estás dispuesto a ablandar tu corazón y dejar que Dios entre en la casa de tu alma y junto con él, inspeccionen cada habitación de ella y le permitas acceso incondicional a una "limpieza total" a esas habitaciones que has mantenido ocultadas? Habitaciones donde has depositado toda tu "basura".

Como puedes imaginar, el "retiro en silencio" se convirtió en un "retiro no muy silencioso", cuando empecé el diálogo más intenso e íntimo que había tenido con Dios. Mientras nuestro diálogo intensificaba me di cuenta de que "El Maestro del Universo" realmente me amaba incondicionalmente. En tanto abrí las puertas a las habitaciones de mi alma, pude sentir el calor de su amor mientras hacía una "limpieza total" en cada habitación. Fue entonces que lo oí murmurar, "tus pecados han sido perdonados." Sentí como si yo hubiese estado a través de un "túnel de lavado" en mi alma, y la alegría y la gratitud que sentía era indescriptible. Me di cuenta que a pesar de que era una pequeña migaja sobre la faz de la tierra, Dios se interesa y quiere ser parte de cada pequeño detalle de mi vida. ¡WoW! Al Maestro del Universo realmente le importaba acerca de alguien tan insignificante como yo y Él tenía un plan para mi vida.

Pasé los dos días siguientes, ponderando el plan de Dios para mi vida, y vine a abordar algunas preguntas claves:

• El primer asunto tuvo que ver conmigo y la manera de ver mis logros. La raíz del pecado que cubría mis ojos fue orgullo y este orgullo mío me había dado la falsa impresión de que todo lo que tenía y todos mis logros fueron MÍOS. Pensé que todo era logrado por MÍ. Me di cuenta que el éxito del negocio no era por causa mía, más bien como resultado de la aplicación de los talentos de negocios que Dios me había dado.

• El segundo fue similar, pero trato con el origen de mis posesiones. Una vez que me quite "las gafas del orgullo "a través del cual había visto mi mundo, me di cuenta de que todas las cosas que atesoraba en realidad eran regalos de Dios. Mi esposa, mi familia, mis tesoros y mi negocio. Recordé la parábola de los siervos a quienes dieron talentos y después de un tiempo el maestro regresó y pidió a los funcionarios dar cuentas de cómo habían utilizado sus talentos. Había oído tantas veces esta parábola, pero pronto tomó un nuevo significado para mí. Yo no era el propietario. Era simplemente un administrador. Dios creó todo y por lo tanto, es propietario de todo.

• La revelación final llegó mientras meditaba las instrucciones de Jesús; "Ama a tu prójimo como a ti mismo." Mis prójimos estaban alrededor de mí.... mi esposa, mi familia, mis empleados, mis proveedores, mis competidores y todo el mundo. Para amar a mis prójimos como a mí mismo significa amar a cada uno de ellos quienes Dios ha puesto en mí camino.

Mi retiro silencioso fue sólo el comienzo de mi

caminata hacia la voluntad de Dios. La eliminación de las "gafas de orgullo" reveló que había mucho trabajo que hacer en cada área de mi vida y me abrió los ojos a la oportunidad de la misión que Dios me había dado.

Mi Misión

Empezamos a escribir este libro, entusiasmado por compartir algunos de los muchos milagros que Dios ha realizado a través de nuestros valores fundamentales y nuestra tarjeta de presentación. Me gustaría cerrar compartiendo una misión que Dios ha puesto en mi corazón.

Como usted acaba de leer todo el libro, Dios me ha dirigido cambiar completamente la forma en que hacemos negocios en Polydeck. Sé de primera instancia que elegir cambiar completamente tu forma de hacer negocios y la forma en que te refieres a los empleados, proveedores y clientes, no siempre va a ser una decisión fácil. Los cambios aquí en Polydeck han tenido lugar durante varios años y aún siguen cambiando. Hemos tenido errores y tropiezos. Hemos recibido a tremenda consejería de muchas fuentes. En ocasiones ha sido difícil, pero las recompensas que hemos recibido han sido mucho mayores que el riesgo y el esfuerzo.

En este libro, Steve compartió una breve descripción de varios de nuestros ministerios a nuestros empleados, pero Dios nos ha dado otro ministerio al que estamos completamente dedicados. Esperamos compartir nuestra visión y nuestros esfuerzos con cada empresa que Dios abra la puerta. Implementar estos cambios (a veces radicales) puede ser difícil y parecer que estás en terreno inestable. Queremos asociarnos contigo para descubrir lo que Dios puede hacer en tu vida y en la vida de tu negocio cuando realmente hagas a Dios el "Presidente de tu compañía".

Por eso estamos desarrollando un manual de acompañamiento que saldrá pronto al mercado. Nuestra oración es que este manual sea una herramienta tremenda, para ayudarle a entender mejor el poder y el proceso de funcionamiento de su negocio de una manera que agrade a Cristo Jesús.

En la primera parte de este manual le daremos lo que creemos que son las razones para aplicar estos cambios, así como también algunas consideraciones para no cambiar. Vamos a discutir en detalle las barreras para la *implementación*, incluyendo los posibles efectos en todas las partes interesadas. Compartiré contigo algunas reflexiones sobre tu propio camino espiritual, mientras te enfrentas a esta tarea posiblemente inquietante. Por último, voy a compartir lo que hemos encontrado ser beneficios tanto tangibles como espirituales de hacer negocios a la forma de Dios.

La segunda parte te llevará, paso a paso, a través del proceso de identificación de áreas de cambio para tu lugar de trabajo específico. Le ayudaremos a formular un plan estratégico para la implementación e incluso ayudarle a construir una línea de tiempo para la transición.

¿Por qué un manual? Como vimos lo que Dios ha hecho en nosotros y por nosotros durante estos últimos años, creemos que este libro y el manual son simplemente pasos de nuestra transición. Estamos esforzándonos para ser obedientes, y qué mejor manera de buscar la obediencia que compartir el amor de Dios con ustedes, *nuestros prójimos*.

Para un pequeño gusto de lo que encontrará en el manual del acompañamiento, por favor toma unos minutos y completa el inventario en el apéndice "A" de este libro.

Por último, nos hemos dicho que queremos asociarnos contigo. Su Manera en el Trabajo "His Way At Work" (por sus siglas en Ingles) se formó con la misión singular para proporcionar ayuda y orientación a ti y a todos. Creemos que mientras "caminamos este camino" juntos seremos bendecidos imaginablemente por Dios permitiéndonos tener una pequeña parte viendo al mercado convertirse en

Su mercado. Ponte en contacto con "His Way At Work" lo más pronto posible para ver cómo podemos servirle. Entretanto, gracias por permitirnos compartir nuestra historia. Que Dios te bendiga plenamente a ti, a tu familia y a tu ministerio.

Para un pequeño gesto de lo que encontrarás en el manual del acompañamiento, por favor toma unos minutos para completar la autoevaluación y revisa la lista de actividades para el potencial "Ministerio de Cuidado" se encuentra en el apéndice "A" de este libro.

Autoevaluación y Actividades Potenciales del Plan de Ministerio de (Cuidado)

toevaluación

eencias Personales del Líder	Siempre 5	A Menudo 4	A Veces 3	Rara Vez 2	Nunca 1
o en Él y acepto A Jesucristo no mi Señor y Salvador.	☐	☐	☐	☐	☐
o a Dios con todo mi azón, mi alma y mi mente.	☐	☐	☐	☐	☐
o a mi prójimo como a mí mismo.	☐	☐	☐	☐	☐
o diariamente y busco la iduría de Dios y la ección en todo lo que hago.	☐	☐	☐	☐	☐
imo a otros a desarrollar a relación personal con Dios yudo a discipular a aquellos e buscan crecer en su fe.	☐	☐	☐	☐	☐

eencias del Líder de la Empresa	Siempre 5	A Menudo 4	A Veces 3	Rara Vez 2	Nunca 1
eo que Dios es propietario mi empresa, y que sólo soy sirviente y un administrador lo que Él me ha confiado.	☐	☐	☐	☐	☐
e comprometo a dirigir mi gocio en principios Bíblicos.	☐	☐	☐	☐	☐
iero que la empresa incluya os y sea amigable a la fe.	☐	☐	☐	☐	☐

reencias del Líder de la Empresa	Siempre 5	A Menudo 4	A Veces 3	Rara Vez 2	Nunca 1
ucho para operar la empresa on excelencia para glorificar a)ios y lucrativamente financiar . Ministerio de la empresa.	☐	☐	☐	☐	☐
Manejo el negocio éticamente con integridad.	☐	☐	☐	☐	☐

stilo y Tono del Líder	Siempre 5	A Menudo 4	A Veces 3	Rara Vez 2	Nunca 1
Mis palabras y acciones reflejan todos mis deseos de realizar egocios de acuerdo con los rincipios y valores cristianos.	☐	☐	☐	☐	☐
Ie aseguro de que todos los empleados ben que estoy accesible a través de mi olítica de puertas abiertas".	☐	☐	☐	☐	☐
ivo el amor de Cristo a través e mis acciones, mostrando el precio y el respeto de todos is empleados y contactos de egocios.	☐	☐	☐	☐	☐
eflejo un estilo de "líder servicial" e liderazgo modelado por Jesús.	☐	☐	☐	☐	☐
)irijo la oración voluntaria urante reuniones y eventos.	☐	☐	☐	☐	☐

trategias de Organización, tructura y Valores	Siempre 5	A Menudo 4	A Veces 3	Rara Vez 2	Nunca 1
negocio se lleva a cabo con elencia en todas las áreas y sirve no una plataforma para el nisterio con nuestro "beneficio de do" visto como un regalo de Dios tilizarse para crear valor eterno.	☐	☐	☐	☐	☐
tá afirmada una declaración la misión y "lo que" la ganización desea lograr.	☐	☐	☐	☐	☐
ha desarrollado una declara- n de valores fundamentales, sados en principios Bíblicos, clarando el "cómo" y "por qué" las acciones de la organización.	☐	☐	☐	☐	☐
declaración de valores principales á disponible para todos los pleados y todos los empleados responsables de estos valores.	☐	☐	☐	☐	☐
valores fundamentales de la empresa "vividos" a través de un Plan ratégico del Ministerio de (Cuidado).	☐	☐	☐	☐	☐

strategia del Ministerio de uidado de la Organización	Siempre 5	A Menudo 4	A Veces 3	Rara Vez 2	Nunca 1
Plan del Ministerio de idado) se incorpora a los nes de negocio de la empresa a "Tarjeta de Balance".	☐	☐	☐	☐	☐
n Comité de empleados eres realiza el Plan de inisterio de (Cuidado) y icita recomendaciones e as de todos los empleados.	☐	☐	☐	☐	☐
últiples vías de comunicación án en acción para compartir y ebrar las actividades del Plan Ministerio de (Cuidando) con los los empleados y sus familias.	☐	☐	☐	☐	☐
porcentaje de ventas o ganancias ha destinado para financiar el n de Ministerio de (Cuidado).	☐	☐	☐	☐	☐
iste un programa de "Te Cache udado" que permite a los pleados reconocer a compañeros e exhiben los comportamientos los valores fundamentales.	☐	☐	☐	☐	☐

Escribe el total tu puntaje aquí: _____

Si marcaste entre 125 y 100 – *Felicitaciones, estás en buen camin*

Si marcaste entre 75 y 99 – *Has hecho algunos grandes avances espacio para crecer.*

Si marcaste menos de 75 – *Anímate, ahora tienes una mejor idea las áreas de enfoque y oportunidades para mejorar.*

No importar tu puntuación, encontrarás el manual de acompa miento como un gran recurso en tu camino a..."Buscar lo q realmente importa." Mateo 6:33

Actividades del Plan del Ministerio potencial de (Cuidado)

Proporcionar a un capellán que desarrolle relaciones de cuidado con todos los empleados y de asistencia en asuntos de la vida.
Establecer fondos para las crisis de los empleados y necesidades tales como: emergencias médicas/odontología, reparaciones mayores de tu hogar/coche, pagos de electricidad.
Establecer una biblioteca para adultos y niños con Biblias, libros cristianos, DVDs, CDs.
Crear un tiempo de oración y devoción voluntario en el trabajo.
Comunicar la misión y los valores en la declaración de la empresa en: tarjetas de presentación, sitios web, placas en la oficina, correos electrónicos, uniformes, camisetas, el empaque del producto, artículos de la oficina, etc.
Invitar a ministerios locales a compartir con los empleados sus actividades/visión y apoyarlos financieramente y con el tiempo designado.
Proporcionar fondos para alentar a los empleados a asistir o participar en: retiros de enriquecimiento del matrimonio, viajes de misión local/exterior a corto plazo, educación continua, conferencias de crianza para solteros, educación financiera personal, cursos de crianza, adopción, dejar de fumar, grupos de apoyo para la familias de edad, exámenes médicos, rehabilitación de abuso de sustancias, etc..
Animar a empleados a donar tiempo recompensando todas las horas de trabajo donadas con tiempo pagado.
Crear un fondo de beneficencia de empleados donde los empleados puedan contribuir, luego igualar la cantidad por parte de la empresa.
¡Celebrar con gratitud!... cumpleaños de empleados, aniversarios de servicio en la empresa, aniversarios de bodas, promociones, logros de rendimiento de producción, nuevos negocios, logros de seguridad, nuevas contrataciones, etc..

rear un "compasivo" plan de indemnización para empleados despedidos por la compañía que proporcione servicios y ayude con asesoramiento.

xtender la mano a las necesidades locales de su comunidad a través de royectos de empleados voluntarios tales como: hábitat para la humanidad, comedores, refugios, hogares seguros, comidas sobre ruedas, cenos de crisis de embarazo, "Relay For Life", "United Way", días de paración/limpieza del vecindario, tutoría para estudiantes, etc..

atrocinar actividades familiares para empleado como: fiestas de Navidad, tour la Pascua, picnics, eventos deportivos, noches de película, royectos de voluntarios, ligas deportivas, etc.

nvitar a pastores a un tour de su compañía y mostrarles cómo las "senilla" de domingos ha echado raíces de lunes a sábado.

Jnase a un grupo pequeño de compañeros líderes de negocios para ntrenamiento continuo, estímulo y balance.

uscar nuevo Plan para el Ministerio de (cuidado) y encontrar "mejores rácticas" de pensamientos, ideas y actividades de otras empresas que lorifican a Dios.

Compartir ideas y pensamientos del Ministerio de (cuidado) y actividades con otras empresas que buscan establecer su propio Ministerio e (Cuidado).

Jos gustaría dar las gracias a Jim Dismore de "Kindom Way Companies" (Compañías a la Forma del Reino) (_www.kingdomwayco.org_) y Ron Lads, consultante de negocios y del ministerio en el lugar de trabajo roneads@gmail.com) por su contribución y proceso de Cuidado de Polydeck, la sección de Autoevaluación y Posibles Actividades de este bro.

Corporate Chaplains
INTERNATIONAL

Nuestra misión es edificar relaciones de cuidado con la esperanza de obtener permiso para compartir el cambio de vida que traen las Buenas Noticias de Jesucristo de una manera respetuosa.

www.chaplain.org

(800)825-0310 Ext. 777

"Entrenando a Empresas a Buscar lo que Realmente Importa"

NUESTRA MISIÓN:

Equipar y animar a empresas a transformarse gradualmente
a una organización centrada en Cristo que:

– Opere en principios basados en virtudes;
– Demuestre autentico cuidado Cristiano, permitiéndolos
  a través del Espíritu Santo guiar a otros hacia Cristo.

PROVEEMOS:

✝ Entrenamiento paso a paso sin costo
✝ Plan de cuidado personalizado (plan de ministerio)
  para su empresa
✝ Soporte espiritual y tutoría
✝ Herramientas legales para navegar, el mercado,
  los recursos humanos y las barreras financieras.

864.205.1265
hiswayatwork@aol.com
www.hiswayatwork.com

His Way At Work es un ministerio sin fines de lucro, 501(c)3 registrado

Por más de dos décadas el Dr. Steve O. Steff ha servido a empresas e individuos en toda la nación como consejero, asesor y como entrenador. Es fundador de Crisis Care International (Asistencia a Crisis Internacional), Steve es reconocido como uno de los líderes y expertos en respuesta a las crisis e intervención en el lugar de trabajo. Steve es distinguido ante sus colegas como innovador del ministerio en el lugar de trabajo y tiene una pasión para alcanzar almas para Cristo en el lugar de trabajo. Recientemente, Steve se está enfocando en el asesoramiento de empresas y desarrollo personal, proporcionando conocimiento a líderes empresarios y gerentes ayudándolos a encontrar balance en su vida mientras maximizan su rendimiento.

Steve mantiene un doctorado en Liderazgo y Ética en Negocios, además de una Maestría en Consejería y Estudios Bíblicos.

Steve y su esposa Kathleen están pos cruzar su tercera década juntos, y son padres de un hijo adulto Jeremiah.

Empresas alrededor de US se han beneficiado de Steve; su entrenamiento y su asesoramiento. Para más información visita _www.TLidership.com_.